Paul Zahner

Franz von Assisi begegnen

Paul Zahner

Franz von Assisi begegnen

Sankt Ulrich Verlag

Imprimi potest:
Näfels/Schweiz, den 25. Mai 2003
am Fest der Weihe der
Basilika S. Francesco,
P. Gottfried Egger OFM, Provinzial
der Vice-Provinz Christ-König (Helvetia)

Bibliographische Information Der Deutschen Bibliothek

Die Deutsche Bibliothek verzeichnet diese Publikation in der Deutschen Nationalbibliographie; detaillierte bibliographische Daten sind im Internet über http://dnb.ddb.de abrufbar.

2. aktualisierte Auflage 2011

Umschlaggestaltung: uv media werbeagentur
Mediengruppe Sankt Ulrich Verlag, Augsburg
Druck und Herstellung: Auer Buch + Medien GmbH, Donauwörth
Printed in Germany
ISBN 978-3-936484-27-4
www.sankt-ulrich-verlag.de

Ein erster Blick auf Franz von Assisi

1181/82	Franziskus (Taufname: Johannes der Täufer) wird in Assisi geboren
1197/98	Aufstand in Assisi gegen die Herrschaft der „Maiores“
1202/03	Teilnahme an der Schlacht von Collestrada, in der Assisi von den nun in Perugia wohnhaften „Maiores“ besiegt wird
	etwa einjährige Gefangenschaft in Perugia
1203	November: Friedensvertrag und Rückkehr des Franziskus nach Assisi
1205/1206	Begegnung mit einem Aussätzigen außerhalb von Assisi
1206	Anruf durch den Gekreuzigten (Kreuzesikone) in San Damiano
	Renovierung von drei Kapellen
1206	Loslösung vom Vater im Prozeß vor dem Bischof
1209	24. Februar: Hören der Aussendungsrede des Evangeliums in Portiunkula
1209	Reise nach Rom, zusammen mit den ersten Brüdern, und mündliche Bestätigung der ersten Regel durch Papst Innozenz III.
1212	Palmsonntag: Aufnahme Klaras in die Gemeinschaft der Minderen Brüder
1215	November: möglicherweise Teilnahme (als Gast) am 4. Laterankonzil in Rom
1216	Vermutlich Gewährung des Portiunkula-Ablasses durch Honorius III.
1217	Mai, Pfingstkapitel: Aufteilung des Ordens in Provinzen und Aussendung der Brüder in die Welt

ca. 1217	Diakonatsweihe von Franziskus
1219	Reise nach Ägypten und Palästina
	Begegnung mit dem Sultan
1220	Rückkehr nach Italien
	Rücktritt vom Leitungsamt im Orden
1221	Abfassung der *Nicht bullierten Regel*
	Pfingsten: Mattenkapitel
1222/23	Abfassung der *Bullierten Regel*
1223	29. November: Bestätigung der *Bullierten Regel* durch Papst Honorius III.
1223	Weihnachtsfeier in Greccio
1224	September: Stigmatisierung auf dem Berg La Verna
1224/25	Aufenthalt in San Damiano
1226	Abfassung seines Testamentes
	3. Oktober, abends: Tod in Portiunkula
1228	Heiligsprechung durch Papst Gregor IX.
1230	endgültige Beisetzung in der Unterkirche von San Francesco in Assisi

Einführung

Was? Ein Buch über Franziskus willst Du schreiben? Es gibt ja noch keines ...", so meinte ein Bekannter mir gegenüber ironisch, als ich ihm sagte, vorliegendes Buch schreiben zu wollen. Wirklich: Bücher über Franz von Assisi füllen ganze Bibliotheken. Jährlich erscheinen in der ganzen Welt in allen möglichen Sprachen Dutzende von Büchern über Franziskus. Franz von Assisi ist im Trend. Fast alle mögen ihn, auch wenn die wenigsten ihm im eigenen Leben folgen möchten. Doch jeder hat ein anderes Bild von Franziskus: Die einen halten ihn für einen Umweltschützer und Naturmystiker, andere für einen geistlichen Meister und einen Heiligen aller Religionen, wieder andere für einen Narren Gottes oder gar einen unverständlichen Spinner, andere schließlich für einen Heiligen der katholischen Kirche. Von allem hat er etwas. Er wurde „ganz katholischer und apostolischer Mann" genannt, Bruder aller Menschen, neuer Mensch (Constantin Pohlmann), der letzte Christ (Adolf Holl), Meister des Gebetes (Leonhard Lehmann), Bruder Immerfroh, der Mann des 2. Jahrtausends *(Times)*. „Franziskus lebt überall", so behauptet ein Buchtitel von Martin Kämpchen. Franziskus spricht die verschiedensten Menschen an. Fromme Christen bewundern in ihm den Stigmatisierten in der Nachfolge Jesu, am Dialog mit den Religionen Interessierte seinen Besuch beim Sultan, Kommunisten die Lebensform in seiner Gemeinschaft, wer den wirtschaftlichen Neoliberalismus unserer Tage kritisieren will, findet in ihm einen Kritiker der Geldwirtschaft und des Kapitalismus. Nur wenige halten Franziskus heute für einen Spinner, der eine unrealistische Utopie vertreten hat und darum nicht ernst zu nehmen ist.

Auf der anderen Seite erschwert diese breite Sympathie für Franziskus auch einen sachlichen Zugang zu ihm. Alle versuchen Franziskus aus ihrer Warte zu deuten, vielleicht für eigene Ideen auszuschlachten, und wollen ihn nicht einfach verstehen, wie er war. Franziskus war ein kleiner Mann, der durch unsere großen Deutungen auch verstellt und verfälscht wird. Während wir sein Leben in große Zusammenhänge einordnen, hat er es in kleinen Schritten gelebt, zerbrechlich und arm. Barfuß. Mit diesem einen Wort ist vielleicht schon alles gesagt, was zu sagen ist. Nicht umsonst wurden die Franziskaner oft auch „Barfüßer" genannt. Auch wenn ich selber als Franziskaner und damit als Katholik hier eine Deutung von Franziskus vorlege, will ich mich um einen großen und weiten Blick auf den Poverello, den kleinen Armen, bemühen, um nicht in den Engheiten meiner eigenen Franziskusdeutung steckenzubleiben. Denn Franziskus will von seinem Wesen her weit sein, weiter als alle Deutungen seines Lebens zusammen, und doch ist er gleichzeitig auch eng, eingeschlossen in sein eigenes Ringen mit Gott, in seine Ängste und Probleme. Beim Schreiben der Biographie des Franziskus kommt man nicht darum herum, Weite und Enge, Tiefe und Höhe, Schwäche und Kraft zusammenzubringen und auszuhalten. Um meine eigenen Interpretationen immer wieder mit der Wirklichkeit des Poverellos zu konfrontieren, setze ich darum konsequent bei den Quellen, den Schriften des Franziskus und den frühen Lebensbeschreibungen, an, selbst da, wo ich diese zur Vereinfachung nicht immer ausführlich zitiere. Um es vorweg zu sagen: In seiner von Gott erfüllten Schwäche und Zerbrechlichkeit liegt für mich selber der Kernpunkt meiner Franziskusdeutung. Der Poverello ist kein Held, der der irdischen Wirklichkeit entrückt sozusagen mehr schwebt als geht, er ist ein kleiner, einfältiger, hinfälliger, schwacher Mensch, dem der Herr gegeben hat, seine eigene Schwäche mit der Schwäche Gottes in Jesus Christus in Verbindung zu bringen.

So ein Buchtitel: *barfuß. Franziskus von Assisi. Lesebuch*, 1992.

Es ist nicht einfach, ein Buch über Franziskus zu schreiben. Man kann sich seinem Geheimnis nur annähern. Nur wer versucht, sich ihm in einer großen Weite zu nähern, kann die Tiefe des Franz von Assisi zu erahnen beginnen. Drei zentrale, im Verlauf der Geschichte immer wieder auftauchende und heute sehr aktuelle Franziskusbilder sollen uns bei der ersten Annäherung an Franziskus helfen: der „romantische Franziskus", der „esoterische Franziskus", der „katholische Franziskus".

Der romantische Franziskus

Man kann sich in unserer Zeit Franziskus ohne Romantik schlichtweg nicht vorstellen. Spätestens mit dem Franziskusfilm *Bruder Sonne, Schwester Mond* von Franco Zeffirelli hat sich dieses romantische Franziskusbild verfestigt. Wer kann sich schon der Faszination eines Poverellos entziehen, der durch die Sonnenblumen- und Mohnfelder Umbriens tanzt? Der vor der Kulisse eines Wasserfalls einer bildhübschen Klara die langen, blonden Haare abschneidet? Der mit seinen Brüdern im strömenden Regen singend und lachend durch die Gassen Assisis zieht? Auch ein (vielleicht) gestandener Franziskaner wie ich kann sich bei allem notwendigen, massiven historisch-kritischen Verriß des Filmes der Faszination dieses romantischen Franziskus nicht entziehen. Diese einfältige Freude am Leben, an der Schöpfung und an Gott ist denn auch etwas grundlegend Franziskanisches. Romantik gehört untrennbar zu Franziskus dazu. Schon die *Fioretti*, die „Blümlein des heiligen Franziskus", die wohl die bekannteste Franziskuslegende überhaupt sind, geben anfangs des 14. Jahrhunderts das beste Zeugnis eines solches Franziskusbildes. In vielen, oft genug naiven Geschichtchen wird darin das Leben des Franziskus erzählt und wie ein Blumenstrauß zusammengebunden. Die meisten Menschen unserer Zeit verbinden den Namen Franziskus mit diesen Geschichten: die Vogelpredigt, der Wolf von Gubbio, die vollkommene Freude. Das ist zweifellos Franziskus. Gefährlich wird es da, wo dieses romantisch-naive Franziskusbild zum einzigen Bild von Franziskus wird. Franziskus ist noch viel mehr. Er ist auch streng, manchmal unglaublich streng mit sich und seinen Brüdern. Er ist fremd, in sich zerrissen. Franziskus weint. Der romantische Franziskus braucht weitere Annäherungen, um richtig und tiefer verstanden zu werden. Erst dann kann die tiefere und eigentliche Wahrheit dieser Geschichten erschlossen werden. Doch die zeitlose Faszination dieser Romantik bleibt und zieht gerade unsere technisch-wissenschaftliche Welt in ihren Bann. Wer

Die Fioretti. Legenden über Franziskus und seine Gefährten, hrsg. v. Johannes Schneider, 2002 (Kurztitel = **Fioretti**).

den romantischen Franziskus bewundert und dann auch seine Abgründe kennenlernt, wird wieder, ja eigentlich erst richtig fähig, mit einer neuen Naivität auf ihn zu blicken.

Der esoterische Franziskus

Unter der romantischen Oberfläche schlummert bei Franziskus eine sehr große Tiefe. Eine „esoterische" Deutung, wie ich sie hier mit einem Modewort bezeichnen möchte, versucht, hinter die Oberfläche zu schauen und dort das Eigentliche zu entdecken. Esoterik wehrt sich gegen rein rationale Deutungen der Wirklichkeit und versucht einen Zugang zum Geheimnis „hinter" einem bloß vernünftigen Verstehen der Welt zu bekommen. Sie interessiert sich darum besonders für geheimnisvolle und mystische Wahrheiten. Solch esoterische Deutungen des Lebens von Franziskus waren schon im frühen *Minderbrüderorden* gerade in religiös eifrigen Kreisen sehr beliebt. Die sogenannten Spiritualen deuteten – in Aufnahme und Umwandlung der Sichtweise des Abtes Joachim von Fiore (um 1135–1202) – Franziskus als eine geschichtstheologische Zentralgestalt der Weltgeschichte, als einen neuen geistlichen Menschen *(vir spiritualis):* Mit ihm habe ein neues Zeitalter der Welt begonnen, das Zeitalter der Heiligen Geistes, das weltliche Strukturen und die fleischliche Kirche auflösen und eine neue, rein vom Heiligen Geist bestimmte Lebensform, eine geistige Kirche *(ecclesia spiritualis)* einführen werde. In dieser Kirche werde es keine Kleriker und keine Sakramente mehr geben, und auch das Neue Testament werde von einem neuen, „ewigen Evangelium" abgelöst. Kernpunkt der Franziskusdeutung der Spiritualen war dabei die Stigmatisierung des Franziskus. Solch esoterische Thesen wurden von der Kirche zum Teil aber heftig unterdrückt.

Nach der **Nicht bullierten Regel** (= Kurztitel; in: Lehmann, S. 85ff., vgl. Randnote S. 14), 6,3, wollte Franziskus, daß seine Brüder ***Mindere Brüder, Minoriten*** heißen und sind. Später hat sich meist der Name ***Franziskaner*** oder auch ***Barfüßer,*** weil die Brüder barfuß oder in Sandalen gingen, eingebürgert. Der eigentliche Name des Franziskanerordens ist bis heute ***Minderbrüderorden*** *(Ordo Fratrum Minorum: OFM).*

Kurzbeschreibung des Lebens und der Theologie des ***Joachim von Fiore:*** Edith Pásztor, *Joachim von Fiore,* in: *Lexikon des Mittelalters* Bd. V, 2002, Sp. 485–487.

PAUL SABATIER, *Leben des Heiligen Franz von Assisi*, Zürich 1920 (Originalausgabe französisch).

HELMUT FELD, *Franziskus von Assisi und seine Bewegung*, 1994.

In neuer Frische wurden ähnliche Vorstellungen an der Wende zum 20. Jahrhundert etwa wieder von Paul Sabatier und jüngst von Helmut Feld vertreten. Letzterer ist mit Bezug auf einzelne Thesen der Spiritualen der Ansicht, daß die Erlösung in Jesus Christus nicht zur Vollendung gekommen, sondern erst in der Vereinigung des Franziskus mit dem Geistwesen (Seraphim) auf dem Berg La Verna in der Stigmatisierung vollendet worden sei. Denn dadurch sei in Franziskus das menschliche Fleisch vom Geist erfüllt und schließlich durch den Geist ersetzt worden (Vgl. dagegen S. 47–49 u. S. 114–117). So wird Franziskus zum eigentlichen Erlöser der Welt. Feld deutet Franziskus so geradezu gegen die Kirche, die er selber offensichtlich nicht sehr mag, und macht ihn letztlich zum Gründer einer neuen Religion.
Auch ganze Gruppierungen beziehen sich heute gerne auf Franziskus und wollen hinter seiner Oberfläche ein esoterisch-verborgenes Geheimnis entdeckt haben. So bringt sich etwa die neue, nichtchristliche religiöse Gruppierung „Bruderschaft der Menschheit – Der Heilige Orden und die Innere Bruderschaft der Universalen Kirche“, die von Peter William Leach-Lewis 1981 in den USA gegründet wurde und sich von theosophischen Grundlagen, von der „I AM Activity“ und von „Meister“ „El Morya“ herleitet, ausdrücklich mit Franziskus in Beziehung. Ihre Mitglieder tragen bei besonderen Anlässen eine Robe, die dem Franziskaner-Habit ähnlich sieht und behaupten, daß ihr spirituelles Medium von Franziskus Mitteilungen, Offenbarungen erhalte. Ähnlich wie die franziskanischen Joachiten des 13. Jahrhunderts spricht diese Gruppierung von einer neuen, geistigen Kirche, einer „Neuzeitkirche des Christus“, der „Großen Weißen Bruderschaft“ als Lenker der Menschheit, einer „geistigen Hierarchie“, die sich in einer schnellen Entwicklung auf ein neues Zeitalter hin befinde, das nach einer 130jährigen Vorbereitungsphase im Jahre 1981 angebrochen sei.

Der katholische Franziskus

Eine kirchliche Deutung von Franziskus ist der gerade in seinen eigenen Schriften zu belegenden Meinung, daß Franziskus unmöglich gegen die Kirche gedeutet werden, sondern nur als Mensch in der Kirche und von der Kirche her angemessen verstanden werden kann. Franziskus lebt so sehr aus der Heiligen Schrift, aus der Eucharistiefeier, aus dem kirchlichen Stundengebet, daß die Leugnung dieses Aspektes des Kircheseins in seinem Leben in der Nachfolge Christi nur zu einer grundlegenden Verfälschung seiner Sicht führen kann. Aber sein Kirchesein erschöpft sich nicht darin, daß er die Formeln kirchlichen Glaubens annimmt und wiederholt, kirchlich praktiziert und der Amtskirche, insbesondere dem Papst gehorsam ist. Das alles tut er zwar. Im letzten geht es Franziskus aber immer um die lebendige Beziehung zu Jesus Christus, der in der Welt Fleisch geworden ist und dessen irdischer Leib die Kirche ist, die in der Eucharistie Jesus immer wieder leibhaftig und greifbar gegenwärtig werden läßt. Franziskus ist also nicht von außen her kirchlich, sondern ganz und gar von innen, vom mystischen Geheimnis Jesu Christi und des dreieinen Gottes her. Das ist in gewissem Sinne der esoterische, besser gesagt der mystische Zugang des Franz von Assisi zur Kirche. Die Außenseite der Kirche, der er in ihrer großen Macht, ihrem Machtmißbrauch und auch in ihrer Schwäche begegnet ist, kann nur von innen her verstanden und geliebt werden. Franziskus liebt die Kirche und ist darum selbst Kirche, weil er ihr innerstes Geheimnis kennt, die grenzenlose Liebe Gottes zu den Menschen in Jesus Christus, die im Leben der Kirche immer neu Fleisch werden will.

Ich versuche Franziskus so zu deuten, wie mir scheint, daß er selbst gedacht und gelebt hat, nämlich in einem mystisch-kirchlichen Zugang zum Geheimnis Gottes, das Franziskus zur Mitte seines Lebens gemacht hat. Allerdings bin ich selber weder so eng entschieden für Gott wie er, noch so weit in meiner Sicht auf die Welt. Das behindert ein angemessenes Verstehen seiner Sichtweise. Dazu kommt, daß Franziskus ei-

Kurztitel **Ermahnungen** in: *Das Erbe eines Armen. Franziskus-Schriften,* hrsg. v. Leonhard Lehmann, 2. Aufl. 2003 (= Kurztitel **Lehmann**), S. 59 ff.

gentlich nur im Leben und nicht im Bücherschreiben verstanden werden kann. Verstehen kann nur, wer zu leben versucht, was er verstehen möchte. Oder wie Franziskus selber sagt: „Daher ist es eine große Schmach für uns Knechte Gottes, daß die Heiligen Taten vollbracht haben, und wir Ruhm und Ehre erhalten wollen, wenn wir davon berichten" (Ermahnungen, 6,3).

Gehen wir nun den Weg der Annäherung an Franziskus weiter und werfen wir zuerst einen Blick auf die Lebensgeschichte des Poverellos, bevor wir uns einigen Grundzügen seiner Lebensweise im einzelnen widmen.

I. Das Leben des Poverello

Herkunft und Suche nach Lebenssinn

Eine besonders historisch fundierte und interessierte kurze Lebensskizze des Franziskus auf dem aktuellen Forschungsstand zeichnet NIKLAUS KUSTER, *Franz von Assisi. Meister der Spiritualität*, 2002, S. 11–84.

Franz von Assisi wurde in die politisch, sozial und wirtschaftlich bewegte Zeit der letzten beiden Jahrzehnte des 12. und der ersten Hälfte des 13. Jahrhunderts hinein geboren. Seine Heimatstadt Assisi ist in dieser Zeit eine aufstrebende Kleinstadt Norditaliens, die um Unabhängigkeit von Papst und Kaiser ringt und in ihrer unmittelbaren Umgebung politischen Einfluß zu gewinnen versucht. Im Jahre 1173/74 wird die Stadt von Christian I. von Buch, Erzbischof von Mainz und kaiserlicher Generallegat, im Auftrag Kaiser Friedrichs I. eingenommen. Mit den „Maiores" der Stadt, etwa zwanzig einflußreichen, mächtigen Familien verbündet, herrscht so der Kaiser über Assisi.

Franziskus wird im Jahre 1181/82 als Sohn des wohlhabenden Kaufmanns Pietro di Bernardone und seiner Gattin Pica in Assisi geboren. Die Familie gehört der Gruppe der „Minores" Assisis an, das sind vielleicht zweitausend Haushalte, die keinen besonderen Einfluß in der Stadt haben. Doch widmet sich Pietro dem aufstrebenden Geschäft des Tuchhandels, der durch das Aufkommen der Geldwirtschaft in dieser Zeit Wohlstand verspricht. So ist denn die Familie des Franziskus nicht arm und genießt ein gewisses Ansehen in der Stadt Assisi. Als Franziskus geboren wird, befindet sich sein Vater Pietro gerade auf einer längeren Handelsreise in Frankreich, so daß Mutter Pica das Kind auf den Namen Johannes taufen lässt. Der von Frankreich begeisterte Vater Pietro nennt seinen Sohn nach seiner Rückkehr aber „Francesco" (Französchen), so daß dieser Name „Franziskus" der Rufname seines Sohnes bleibt. Diese kleine Episode weist auf das besondere Verhältnis zwischen Pietro und seiner Frau Pica hin, die in vielen Fragen nicht gleicher Meinung zu sein schienen.

Leben im Umbruch

Als die Minores mit einem Aufstand im Jahre 1197/98 die Herrschaft der Maiores und damit auch des Kaisers abschüttelten, die Maiores aus der Stadt vertrieben und ihren Grundbesitz einzogen, war Franziskus ein Teenager, der an den Auseinandersetzungen Anteil nahm. Er arbeitete im Tuchgeschäft seines Vaters und verkaufte Tücher und Stoffe. Daneben genoß er mit seinen Freunden auf vielen Festen und in unbeschwerten Späßen das Leben. Die in die Nachbarstadt Perugia geflüchteten Maiores versuchten inzwischen, die Herrschaft in Assisi wieder an sich zu reißen. In der blutigen Schlacht von Collestrada gelingt es ihnen 1202/03, Assisi zu besiegen und so die Macht in Assisi zurückzugewinnen. Zeugnis davon gibt die *Friedenscharta* von 1203. Franziskus, der als Kämpfer mit in die Schlacht gezogen ist, wird zusammen mit vielen anderen jungen Männern der Stadt Assisi gefangengenommen und in einen Kerker nach Perugia geführt. Spätestens in dieser Zeit endet die eher unbeschwerte Jugend des Franziskus. Die Monate der schweren Kerkerhaft und der Entbehrungen waren für Franziskus eine Zeit des Nachdenkens über sein Leben. Aus dieser Zeit wird erstmals seine ihm eigene Mischung von depressiver Lebenshaltung und unbändiger Lebensfreude berichtet. Als die Familien Assisis Monate später ihre Söhne aus den Gefängnissen Perugias freikaufen konnten, kehrte auch ein kranker und nachdenklich gewordener Franziskus nach Assisi zurück. Gerne widmete er sich wieder mit seinen Kameraden den Festen, war aber nicht mehr so unbeschwert wie vorher. Oft zog er sich in die Stille und in die Einsamkeit zurück, auf die Felder Assisis, in Höhlen oder Kapellen. Nach dem Grauen der Schlacht und der Kerkerhaft begann er, nach einem tieferen Sinn für sein Leben zu suchen und stellte dabei auch neue Fragen nach seinem bisher im üblichen Rahmen gelebten christlichen Glauben. Wer ist dieser Jesus? Was heißt radikale Nachfolge Christi? Ruft Gott mich nicht ganz persönlich? Ohne sein bisheriges Leben, seine Arbeit und seine Kol-

Friedenscharta von 1203 in: *Franz von Assisi. Arm unter Armen*, hrsg. v. Elisabeth Hug u. Anton Rotzetter, 1987, S. 212–217.

legen aufzugeben, widmete sich Franziskus immer mehr diesen Fragen nach dem tieferen Sinn seines Lebens. Zweifellos wurde er dabei auch von den religiösen Erneuerungsbewegungen seiner Zeit, der Armuts- und Büßerbewegung beeinflußt. Diese Laienbewegungen stellten das evangelische, apostolische Leben in der Nachfolge des armen Christus in das Zentrum ihres Bußlebens. Einige Kreise dieser religiösen Erneuerungsbewegungen, vor allem die *Waldenser* und *Katharer* entfernten sich dabei von der Kirche. Franziskus nahm nicht einfach aktuelle Strömungen auf, er wollte vielmehr ganz persönlich Antworten auf seine Fragen bekommen und war nur bereit sich auf einen Gott einzulassen, den er selber erfahren hatte. Doch auch seine alten Träume von Macht und Ansehen blieben für ihn weiterhin ein Weg, seinem Leben Ausrichtung und Sinn zu geben. So ließ sich Franziskus auf einen Kriegszug des Grafen Walter von Brienne ein, der im Auftrag des Papstes in Süditalien Krieg führen wollte. Mit Rüstung, Streitroß und Waffen zog er zusammen mit anderen jungen Leuten vom Assisi aus, um schon bald wieder zurückzukehren. Er hatte nämlich in Spoleto einen Traum, in dem er eine Stimme hörte, die zu ihm sagte: „Franziskus, wer kann dir mehr bieten, der Herr oder der Knecht, der Reiche oder der Arme?“ „Natürlich der Herr und der Reiche“, antwortete Franziskus. Darauf die Stimme: „Warum verläßt du dann den Herrn um des Knechtes, den Reichen um des Armen willen?“ Darauf Franziskus: „Was willst du, Herr, daß ich tun soll?“; und wieder die Stimme: „Kehre in dein Land zurück“ (Legenda Maior, 1,3). Dieser Dialog in Spoleto ist für Franziskus sehr bezeichnend. Er wollte aufs Ganze gehen, wollte immer alles, immer das Größere und Umfassendere. Er wollte reicher, mächtiger und wichtiger sein als alle anderen und entdeckte erst in einem langsamen, schmerzhaften Prozeß, was die tieferen Werte in seinem Leben waren. Nachdem er diese einmal er-

Waldenser: von Johannes Valdes in Südfrankreich gegründete Erneuerungsbewegung, 1184 von Papst Lucius III. verurteilt.

Katharer: eine im Osten entstandene nichtchristliche religiöse Bewegung mit dualistisch-gnostischen Auffassungen; ab ca. 1155 auch in Italien und Südfrankreich präsent.

Spoleto: Stadt südlich von Assisi; im Dom einer der drei erhaltenen handgeschriebenen Texte (Autographen) des Franziskus, der *Brief an Bruder Leo.*

Kurztitel **Legenda Maior** = BONAVENTURA, *Franziskus – Engel des sechsten Siegels*, 1962

kannt hatte, wollte er ihnen radikal und entschieden bis zum Letzten folgen. Kurze Zeit nach dem ruhmvollen Auszug von Assisi wieder in seine Heimatstadt zurückzukehren muß für ihn sehr peinlich gewesen sein und hat ihm sicher viel Gelächter und Verachtung zugezogen. Doch für ihn war das nur konsequent so und wurde schließlich zu seiner typischen Art: Alles, was er einmal für richtig erkannt hatte, wollte er sofort, radikal und ganz verwirklichen. Der Weg vom Verstand und vom Herzen in die Tatkraft der Hände und der Füße, der für die meisten der schwierigste Weg überhaupt ist, der kaum begehbar ist, war für Franziskus der kürzeste und selbstverständliche Weg. Sofort, alles und ganz. Wenn er einmal etwas erkannt hatte, setzte er das sofort um, wie wir im weiteren noch sehen werden.

Der Ruf des Gekreuzigten von San Damiano

Noch mehr als vorher zog sich Franziskus nach dieser Rückkehr aus Spoleto nach Assisi in die Stille zurück und dachte über die Ausrichtung seines Lebens nach. Doch sein Fragen wurde immer reifer und tiefer. Er drehte sich nicht mehr so sehr um sich selber. Die Frage, worauf er denn Lust habe und was er gerne täte, wandelte sich zunehmend in die Frage, die er Gott zu stellen begann: „Was willst du, Herr, daß ich tun soll?" Diese Frage stellen zu lernen, bedeutete für ihn das Loslassen der Fixiertheit auf sich selber und die Bereitschaft, sich ganz und gar auf Gott einzulassen. Er beginnt den Weg von Narziß zu Jesus (Jean-Marc Charron) zu gehen. So begann Franziskus immer mehr, einsame Kirchen um Assisi herum aufzusuchen, wo er mit Gott allein sein konnte, und rang innerlich um seinen Lebensweg. Aus dieser Zeit der Suche ist ein wertvolles Gebet des Heiligen überliefert, das *Gebet vor dem Kreuzbild von San Damiano:*

JEAN-MARC CHARRON, *De Narcisse à Jésus,* Montréal 1992: beschreibt die Lebenshaltung von Narziß (griechische Mythologie), der sich ins eigene Spiegelbild verliebt, gegenüber der Jesu.

Höchster, glorreicher Gott,
erleuchte die Finsternis meines Herzens
und schenke mir rechten Glauben,
gefestigte Hoffnung
und vollendete Liebe.
Gib mir Herr,
das (rechte) Empfinden und Erkennen,
damit ich deinen heiligen und wahrhaften Auftrag erfülle.
(Amen.)
(Lehmann, S. 16)

Dieses ursprünglich in *Volgare,* das heißt in der Volksprache, überlieferte Gebet, das auch gerne als „Gebet in der Stunde der Bekehrung“ bezeichnet wird, bezeugt die intensive Suche des Poverellos in der Finsternis seines Herzens nach seinem von Gott geschenkten Auftrag. Dabei versucht er, sowohl seinem inneren Gefühl zu folgen, als auch mit klarem Verstand über seinen Weg nachzudenken.

Mit der Frage, was der Herr von ihm will, und vielleicht mit diesem Gebet im Herzen besuchte Franziskus Anfang 1206 die kleine Kapelle von San Damiano, die außerhalb von Assisi liegt. Die byzantinische Kreuzesikone dieser Kapelle hatte es ihm angetan. In der Betrachtung dieses Kreuzes hörte Franziskus die Stimme des Gekreuzigten, die zu ihm sagte: „Franziskus, geh und stelle meine Kirche wieder her, die zu zerfallen droht!“ Endlich hatte Franziskus einen klaren Auftrag, den er sofort umsetzen wollte. Er begann mit der Renovierung der Kapelle von San Damiano und später von zwei anderen Kapellen in der Umgebung, darunter auch die Portiunkulakapelle. Dafür bettelte er in ganz Assisi um Steine und Baumaterial. In dieser besinnlichen, aber auch strengen Zeit der Renovierungsarbeiten konnte vieles im Herzen von Franziskus weiter reifen, und sein persönlicher Bezug zum Gekreuzigten vertiefte sich mehr und mehr, so daß Jesus für ihn zunehmend zum zentralen Wegweiser seines Lebens wurde.

San Damiano: Kapelle außerhalb von Assisi, bei der bis zum Tod Klaras die „armen Frauen von San Damiano“ ***(Klarissen)*** lebten, in neuerer Zeit bis heute dann Franziskaner OFM.

Seine ungewöhnliches Verhalten und seine innere Veränderung führten zunehmend zu einem schweren Konflikt mit seinem Vater, der nichts für alternative Lebensformen und für übertriebene Religiosität übrig hatte. Als Franziskus nach Foligno ritt, um dort Tuchballen aus dem Geschäft des Vaters und sein Pferd zu verkaufen, spitzte sich die Sache zu. Das Geld wollte er dem Priester von San Damiano für die Kapelle übergeben, der es aber aus Mißtrauen gegenüber diesem für seine Wechselhaftigkeit bekannten Kaufmannssohn nicht annehmen wollte, so daß Franziskus das Geld einfach in eine Fensternische der Kapelle warf. Als sein Vater von dieser Verschwendung seines Eigentums hörte, platzte ihm der Kragen und er suchte Franziskus überall, um ihn zur Vernunft zu bringen und ihn schließlich im Hauskeller in einem finsteren Loch einzusperren. Während einer Abwesenheit des Vaters befreite ihn die Mutter. Der Vater wollte ihn daraufhin vor die Stadtkonsuln bringen, um ihn verurteilen zu lassen. Franziskus wollte sich nun aber als gottgeweihter Mann nur noch der Gerichtsbarkeit des Bischofs von Assisi unterstellen. Der Bischof konnte Franziskus überzeugen, das Geld zurückzugeben. Doch dieser wollte den endgültigen Bruch mit seinem Vater und von allem irdischen Reichtum, der ihm nichts mehr bedeutete, loslassen und zog alle seine Kleider aus, um alles, was er besaß, seinem Vater zurückzugeben.

Nackt vor dem Gericht des Bischofs und hörend auf das Evangelium in Portiunkula

Die Worte des Franziskus bezeugen deutlich, was er in diesem Moment wollte: „Hört alle und versteht! Bis jetzt habe ich den Petrus Bernardone meinen Vater genannt; aber weil ich mir vorgenommen habe, Gott zu dienen, gebe ich jenem das Geld zurück, um dessentwillen er in Unruhe war, und dazu noch sämtliche Kleider, die ich von seiner Habe besaß. In Zukunft will ich sagen: Unser Vater, der du bist im Himmel (Mt 6,9), nicht: Vater Petrus Bernardone" (Dreigefährtenlegende, 20). Die radikale Hinwendung zum Vater im Himmel machte für Franziskus die Abwendung von seinem irdischen Vater und der Welt des Geldes, der Macht und des Ansehens, die er verkörperte, nötig. Er wollte sein Leben nicht mehr auf Vermögen und Sicherheiten aufbauen, sondern sich nur noch Gottes Liebe anvertrauen. Die Nacktheit bezeichnet denn für den Tuchhändlersohn Franziskus den entschiedenen Ausstieg aus einer Gesellschaft, die den Menschen nicht als das nimmt, was er in Wahrheit ist, sondern die versucht, ihn wichtig, groß und stark zu machen. Nacktheit bedeutet für Franziskus in diesem Moment Echtheit und Ehrlichkeit, Ausstieg aus der verlogenen Gesellschaft der Reichen und Mächtigen, Hinwendung zu den Armen und Unbedeutenden, die sich oft genug nicht einmal richtige Kleider leisten können. Die Biographen werden nicht müde, darin auch die von Franziskus beabsichtigte Parallele zum Leben Jesu zu ziehen. Auch Jesus hat auf Macht und Reichtum verzichtet, um sich ganz dem Vater im Himmel anzuvertrauen, ja, er hat gar auf die göttliche Macht und den Reichtum des Sohnes Gottes verzichtet, um sich in der Krippe und am Kreuz in nackter Liebe seinem Vater im Himmel anzuvertrauen. Der besondere Bezug, den der Tuchhändlersohn Franziskus ein

Die Dreigefährtenlegende des heiligen Franziskus und der Anonymus Perusinus, 1972 (Kurztitel = **Dreigefährtenlegende**). Vgl. dazu Randnote S. 59.

Leben lang zu Kleidern hatte, ist ein scheinbar unbedeutendes Detail seiner Lebensgeschichte. Doch mehr als in großen Worten wird Franziskus gerade in solchen Details wirklich greifbar. Noch vor seiner Bekehrung hat er sich einmal ein Kleid machen lassen, das aus zwei ganz verschiedenen Stoffstücken zusammengesetzt und in der Mitte zusammengenäht war, so wie wir das heute von Clownkostümen her kennen. Damit wollte er Aufsehen und Bewunderung erregen, zeigte gleichzeitig aber auch die Gespaltenheit seiner Persönlichkeit, die ein genießerisches Leben mit der Sehnsucht nach Gott zusammenbringen wollte. Nun, vor dem Bischof, wollte er eigentlich für immer auf alles verzichten und darum nackt, ganz ohne Kleider leben. Aus praktischen Gründen wählte er dann ein Einsiedlergewand, das seine radikale Entscheidung für das Leben mit Gott zum Ausdruck bringen sollte. Doch dies alles blieb letztlich nur Ausdruck dessen, was er selber leben wollte. Was aber wollte Gott von ihm? Das nächste Erlebnis, das wiederum mit Kleidern zu tun hat, führte den Tuchhändlersohn in dieser Frage sehr viel weiter.

Richtungsgebung in Portiunkula

Als Franziskus eines Tages, vielleicht am 24. Februar 1209 (oder 1208), dem Fest des hl. Apostels Matthias, einen Gottesdienst in der Portiunkulakapelle besuchte, hörte er im Evangelium einen Ausschnitt aus der Aussendungsrede: daß die Jünger „weder Gold, noch Silber, weder eine Tasche, noch Brot oder einen Stab auf dem Weg tragen, weder Schuhe noch zwei Röcke haben sollten“ (Dreigefährtenlegende, 25; vgl. v.a. Mt 10,7–19). Das war für Franziskus die Weisung, die Jesus ihm für sein künftiges Leben geben wollte. Sie traf ihn wie ein Blitz mitten ins Herz. Er wußte sich ganz persönlich angerufen. „Das ist es, was ich mit allen Kräften zu erfüllen wünsche!“, rief er aus. Trotzdem bittet er nach der Messe noch den Priester um

Portiunkula („kleines Stück Erde“) mit der Kapelle „Santa Maria degli Angeli“ wird für Franziskus zur eigentlichen geistlichen Heimat, bei der sich die Brüder später jeweils versammeln werden: „Etwas mußte er von der Erde haben, denn anders hätte er Christus nicht dienen können.“

eine Auslegung dieses Evangeliums, um sicherzugehen, was damit gemeint ist. Dieser Anruf des Evangeliums hat für Franziskus zuerst einmal ganz konkrete Folgen für seine Bekleidung. Sein Kleid, das er sich nun macht, drückt nicht mehr nur seine Hinwendung zu Gott aus, sondern wird zum Ausdruck des Anrufes Gottes an ihn. Er trägt keinen Stab mehr, keine Schuhe, keinen Beutel und keine Geldtasche. Er legt den Ledergürtel ab, der auch als Geldbeutel dienen kann, und trägt von nun an einen Strick, der sein einfaches, farb- und schmuckloses Gewand zusammenhält. Dieses neue Gewand zeigt, daß Franziskus nun entschieden, bis in seinen Leib hinein in der Nachfolge Christi steht und seinem Herrn auf dem Weg der Entäußerung und des Kleinwerdens nachfolgt. Mit dem Wissen um diesen Anruf Gottes arbeitet er in seinem neuen Kleid an der Renovierung der Kapellen weiter und verkündet die Botschaft der Aussendungsrede Jesu: Gott will den Menschen Frieden schenken. Getreu dem Auftrag, den er in der Portiunkulakapelle bekommen hat, beginnt Franziskus von da an, den Menschen zu predigen und sie zur Umkehr zur Botschaft des Evangeliums aufzurufen. Jetzt, da Franziskus genauer weiß, was er tun soll, beginnt durch das öffentliche Predigen auf Plätzen und in Dörfern seine öffentliche Wirksamkeit, die ihn zu einem der bekanntesten Menschen seiner Zeit macht.

THOMAS VON CELANO, *Leben und Wunder des heiligen Franziskus von Assisi*, 3. Aufl. 1980 (Kurztitel = **1** u. **2 Celano**), 18.

Noch bekannter als diese Volkspredigten wurden aber die Vogelpredigten des hl. Franzisus (z. B. Fioretti, 16), die zu seinem Ruhm als Tierfreund führten. Getreu dem Auftrag Jesu, nicht nur den Menschen, sondern allen Geschöpfen das Evangelium zu verkünden (vgl. Mk 16,15), predigte Franziskus besonders seinen Lieblingstieren, den Vögeln. Dabei ermahnte er sie, Gott pfeifend und zwitschernd zu loben, und ihm zu danken, daß er sie nährt, obwohl sie weder säen noch ernten. Besonders eindrücklich war für die menschlichen Mithörer dieser Vogelpredigten, daß die Vögel dabei vestummten und Franziskus zuhörten. Erst mit seiner Erlaubnis begannen sie wieder zu pfeifen und herumzuflattern. Bis heute stellen unzählige Bilder den Poverello als Vogelprediger dar.

Die Bildung der Gemeinschaft der Minderbrüder und die Aufnahme Klaras

Erste Gefährten des Franziskus waren: Bernhard von Quintavalle, Petrus Cattanei, Aegidius, Sabbatinus, Johannes de Capella, Moricus, Philippus Longus, Johannes de Sancto Constantio, Barbarus, Bernardus Vigilantis, Angelus Tancredi.

Das große Testament des hl. Franz in: Lehmann, S. 74 ff. (Kurztitel = **Testament**).

Vermutlich nur ein paar Wochen nach den ersten öffentlichen Predigten schließen sich Franziskus die ersten beiden Gefährten aus Assisi an, Bernhard von Quintavalle und Petrus Cattanei, kurz darauf Bruder Aegidius. Sie sind tief beeindruckt von seinem neuen Lebensstil und wollen so leben wie er. Franziskus sendet sie denn auch gleich in die Welt aus, um überall, wo sie hinkommen, zu predigen, so wie es in der Aussendungsrede des Evangeliums heißt. Offensichtlich hat Franziskus keine Pläne mit den Brüdern, die sich ihm überraschenderweise angeschlossen haben, sondern er handelt mit ihnen so, wie er im Evangelium vernommen hat, daß es Jesus mit seinen Jüngern tut. Franziskus plant nicht die Gründung einer Gemeinschaft, schon gar nicht einer kirchlichen Ordensgemeinschaft. Er faßt die Brüder, die geschenkt werden, einfach als ein Geschenk Gottes auf. Und er lehrt sie das, was er selber auf seinem Weg gelernt hat. Noch im *Testament* sagt er am Ende seines Lebens schlicht: „Und der Herr hat mir Brüder gegeben" (Testament, 14). Nicht Franziskus hat eine Gemeinschaft geplant und Aufgaben im Dienste der Menschen ins Auge gefaßt, sondern der Herr hat ihm Brüder gegeben, und diese Brüder haben dann wie er nach der Richtschnur des Evangeliums gelebt und gearbeitet. Nach ihren öffentlichen Predigten treffen sich die Brüder wieder untereinander, um einander zu erzählen, was der Herr durch sie gewirkt hat, und um im Gebet und im Zusammensein tiefer in das Geheimnis Gottes einzudringen. Danach sendet sie Franziskus wieder zur Verkündigung aus. In dieser Zeit schließen sich Franziskus weitere Männer an.

Für ihren Lebensunterhalt arbeiten sie bei Bauern auf den Feldern oder erbetteln sich die nötigen Dinge. Zum Wohnen kommen sie bei irgendjemandem im Stall oder im Haus unter, schlafen unter dem freien Himmel oder bauen sich einfache Hütten.

Kirche im Umbruch

Da sie keinen offiziellen kirchlichen und gesellschaftlichen Status haben, kommen sie bald in Konflikt mit mißtrauischen Menschen sowie Priestern und Bischöfen, die Zweifel daran hegen, ob ihre ungebildete Verkündigung wirklich dem Glauben der Kirche entspricht, und die oft auch neidisch sind wegen des großen Erfolges und der Beliebtheit (zumindest außerhalb von Assisi) dieser ersten Brüder bei den einfachen Leuten.
Man muß sich dabei bewußtmachen, daß angesichts der großen Armut breiter Gesellschaftsschichten Westeuropas und eines durch Schwärmer und Apokalyptiker aufgeheizten religiösen Klimas Herumvagabundierende, seien es Landstreicher, Pilger, Diebe, Mystiker oder Mischgestalten, keine Seltenheit waren. Dazu kamen Kreise, die wie die schon genannten Katharer zugunsten einer leibfeindlichen, esoterisch-gnostischen Glaubensauffassung den christlichen Glauben völlig verwarfen, vor allem, weil sie nicht daran glauben konnten, daß sich der unendliche Geist Gottes in der Menschenwerdung in Jesus mit dem verwerflichen, irdischen Fleisch eines Menschen verbinden konnte.
Schon mehr als zwanzig Jahre vor Franziskus war auch die Bewegung der Waldenser (vgl. S. 18) vom Papst verurteilt worden, die ganz ähnlich wie die ersten Minderbrüder dem armen Jesus nachfolgen wollte, sich aber zunehmend in schwere Kritik und größere Konflikte mit Bischöfen und dem Papst verstiegen hatte und eine immer spiritualisierendere Deutung des Christentums gab.
Im Jahre 1208, in dem die ersten Brüder sich Franziskus anschlossen, wurde eine Gruppierung der Armutsbewegung, die

Orden der katholischen Armen: Gruppe um Durandus von Huesca, v. a. im Languedoc, in der Provence u. der Lombardei verbreitet, gehörte lange Zeit zu den Waldensern, ließ sich 1208 mit der Kirche versöhnen u. konnte als kath. Orden ihre einfache und verkündende Lebensform weiterpflegen.

Den ersten Gefährten des Franziskus waren bald weitere gefolgt, unter ihnen (der Priester und vielleicht Kanoniker) Silvester, Rufin, Leo, Ginepro, Elias, Pazifikus (der „König der Verse“).

sich „Orden der katholischen Armen“ *(Pauperes Christi)* nannte, vom Papst auf ihr Ansuchen hin offiziell anerkannt. Diese Anerkennung schützte die Gemeinschaft vor Verfolgungen durch Priester und Bischöfe und institutionalisierte auch den Dialog mit und die Kontrolle durch den Papst.

Ein Weg in der Kirche

Franziskus und seine ersten Brüder erlebten vermutlich das damals breite Mißtrauen von kirchlichen Amtsträgern und einigen Teilen der Bevölkerung gegenüber arm lebenden, religiösen „Vagabunden“, die überall auftauchten, verschiedene Gruppierungen bildeten und kaum richtig einzuordnen waren. Aus Klugheit, vielleicht auch weil der Franziskus sehr wohlgesonnene und ihn vermutlich beratende Bischof Guido von Assisi dies empfahl, entschloß sich Franziskus, mit seinen elf Gefährten nach Rom zu gehen, um vom Papst die Bestätigung seiner Gruppe als kirchliche Gemeinschaft zu erhalten. Ebenso wichtig war für Franziskus bei diesem Ersuchen um Bestätigung seiner Gemeinschaft durch den Papst seine Überzeugung, daß die Amtsträger der Kirche notwendige, wenn auch oft armselige und sündige Vermittler des Wortes Gottes und der Sakramente der Kirche sind, die den Menschen den zentralen Zugang zu Jesus Christus schenken. Es war also nicht nur die Klugheit des hl. Franz oder der Druck der Amtskirche, die die ausufernden Armutsbewegungen unter Kontrolle bringen wollte (wie das immer wieder behauptet wird) und ihn drängte, seine Gemeinschaft vom Papst bestätigen zu lassen, sondern es stand auch seine eigene, tiefe Überzeugung dahinter, daß Jesus Christus seine leibliche Gegenwart gerade durch schwache, vielleicht egoistische und engsichtige „Leiber“ von Papst, Bischöfen und Priestern vermittelt. Weil Christus ganz arm und demütig sein wollte, band er sich ganz an die Armseligkeit von Menschen, an die Armseligkeit der kirchlichen Amtsträger. So beschreibt Franziskus rückblickend in seinem *Testament* – gleich nach der Erwähnung seiner Bekehrung durch die Begegnung mit den Aussätzigen und seinem Gebet in den Kirchen – das ihm geschenkte Vertrauen in die Priester der Kirche: „Danach gab und gibt mir der Herr einen so großen Glauben zu den Priestern, die nach der Vorschrift der heiligen Römischen Kirche leben, wegen ihrer Weihe, daß ich, wenn sie mich verfolgen würden, bei ihnen Zuflucht suchen will. Und wenn ich so große Weisheit hätte, wie Salomon sie gehabt hat, und fände armselige Priester dieser Welt – in den Pfarreien, wo sie weilen, will ich nicht gegen ihren Willen predigen ... Und ich will in ihnen die Sünde nicht sehen, weil ich den Sohn Gottes in ihnen unterscheide und sie meine Herren sind. Und deswegen tue ich das, weil ich materiell von ihm, dem höchsten Sohn Gottes, in dieser Welt nichts sehe als seinen heiligsten Leib und sein heiligstes Blut, das sie selbst empfangen und sie allein den anderen darreichen" (Testament, 6–7,9–10). Offensichtlich kennt Franziskus gegen Ende seines Lebens, sicher aber auch schon am Beginn seiner Gemeinschaft Verfolgungen durch Priester, die oft genug mehr auf ihre eigenen Pfründen und ihr Ansehen schauen als auf das Evangelium. Trotz dieses Leidens hält Franziskus aus innerer Überzeugung am Dienst der Priester und der Verantwortlichen in der Kirche fest – wegen der leibhaften Gegenwart Jesu im Leib Christi der Eucharistie, im Leib der Kirche und im (sündhaften) Leib der Priester. Seine Haltung ist verblüffend, schwierig nachzuahmen, anstößig und doch letztlich konsequent. Der schwache und arme Jesus wird in der Kirche in der Armut und Schwäche der Menschen, ganz besonders der Priester, der Diener der Armut Jesu, gegenwärtig.

Bestätigung durch den Papst

Wohl aus diesem inneren Grund und schon genannten äußeren Gründen bricht Franziskus mit seinen elf ersten Gefährten

Innozenz III. (Papst von 1198–1216) versteht sich erstmals im kirchlichen und politischen Bereich als *Stellvertreter Christi (vicarius Christi)* und hält sich so als Papst für den mächtigsten Mann überhaupt. Trotzdem war er sehr sensibel für die religiösen Erneuerungsbewegungen seiner Zeit.

1209 nach Rom auf, um sich vom mächtigsten Papst des Mittelalters oder vielleicht der Kirchengeschichte überhaupt, von Innozenz III., seine Lebensweise bestätigen zu lassen. Er hat keine ausgefeilte Ordensregel bei sich, sondern vermutlich nur einen schlichten Zettel, mit einigen von ihm einfältig zusammengestellten Bibelstellen darauf. Die Zusammenstellung ist uns nicht erhalten, hat aber vermutlich die in der Portiunkula-Kapelle gehörte Stelle aus der Aussendungsrede enthalten, die Seligpreisungen Jesu und andere Texte aus der Bergpredigt. Franziskus wollte mit seinen Brüdern einfach das Evangelium pur, „nach der Form des heiligen Evangeliums" (Testament, 14) leben. „Und der Herr Papst hat es mir bestätigt", so schreibt er im *Testament* (15) schlicht. Jesus selbst führt Franziskus den Weg. Franziskus läßt diesen Weg von der Kirche prüfen und bestätigen. Das ist ihm wichtig. Der Zugang zum mächtigen Papst muß für diesen Haufen ungepflegter Brüder nicht einfach gewesen sein und wurde vermutlich nur über gute Beziehungen innerhalb der römischen Kurie möglich. Auch war das Lebensprojekt des Franziskus in dieser Zeit menschlich gesehen noch sehr jung und darum auch innerlich noch nicht ganz gereift. Erst vor etwa vier Jahren hatte Franziskus eine neue Lebensweise begonnen und erst im letzten Jahr in Portiunkula die Lebensform des Evangeliums als Richtlinie entdeckt. Das Zusammentreffen zwischen dem mächtigsten Kirchenmann und Politiker seiner Zeit und dem schlichten und einfältigen, aber geschichtlich letztlich bedeutsameren Poverello aus Assisi muß ein unauffälliges und zugleich gewaltiges Ereignis gewesen sein. Oder war diese Bedeutsamkeit nur eine Erfindung späterer Schriftsteller, und bemerkte Innozenz III. nicht wirklich, was für eine Persönlichkeit vor ihm stand? Frühe Quellen berichten auf jeden Fall von einem geheimnisvollen Traum, den der Papst in der Nacht vor der ersten Begegnung mit Franziskus hatte: Er sah einen armen, kleinen Mann, der mit seinen Schultern die zusammen-

Vgl. die künstlerische Umsetzung der Begegnung von Papst Innozenz III. mit Franziskus in: Reinhold Schneider, *Innozenz und Franziskus,* 1952.

brechende, prächtige Papstkirche, die Lateranbasilika stützt und hält. Die Armut erscheint so als eigentliche Stütze der Kirche des in Jesus Christus armgewordenen Gottes. Ein sehr tiefes Bild für das, was Franziskus und seine Bewegung noch auslösen sollten.

Mit der mündlichen päpstlichen Bestätigung der Gemeinschaft aus Rom zurückgekehrt, bezogen Franziskus und seine Brüder in einem Eselsstall, in der Nähe von Assisi, in Rivotorto, Unterkunft. Mit Kreide werden die Namen der einzelnen Brüder über ihrer Schlafstelle auf einen Balken geschrieben, damit jeder Bruder weiß, welches Plätzchen ihm gehört. Ein Bild franziskanischer Romantik, wie es später gerne aufgenommen wird. Dabei darf aber die harte Realität des Lebens der ersten Brüder nicht vergessen werden: wenige und nicht immer angemessen zubereitete Nahrung, Hitze und Kälte, Verbindung von harter Feldarbeit und langen Zeiten des Gebetes. Schon bald wurden die Brüder vom Bauern, dem der Stall in Rivotorto gehörte, wieder vertrieben, da dieser seinen Esel im Stall unterbringen wollte. So bauen sich die Brüder in der Nähe der Portiunkula-Kapelle, die sie von den Benediktinern am Monte Subasio für einen Korb Fische jährlich zur Miete erhalten und die zum geistlichen Zentrum der Gemeinschaft wird, Hütten und leben fortan dort, wenn sie nicht gerade arbeiten oder predigen.

In **Rivotorto** („Krummbach"), nahe Assisi, lebten die Brüder einige Zeit in einem Eselsstall.

Die Aufnahme Klaras

Als erste Frau Assisis begann sich die junge Adelstochter Chiara Favarone di Offreducio im Alter von vielleicht 17 Jahren für die Lebensweise des Franziskus zu interessieren und traf sich mehrmals mit Franziskus, um mit ihm über Gott und über ihr Leben zu sprechen. Wie viele Frauen ihrer Zeit – die mittelalterliche religiöse Bewegung war nicht nur eine Armutsbewegung, sondern auch eine Frauenbewegung – sehnte sie sich

Klara von Assisi (1193/94–1253): ihre Mutter Hortulana und ihre Schwestern Katharina u. Beatrix traten später ins Kloster San Damiano ein.

Eine fundierte historische Einleitung in Klaras Leben gibt Marco Bartoli, *Klara von Assisi*. 1993; eine Kurzdarstellung Martina Kreidler-Kos, *Das Leben der Klara von Assisi*. 2003. Grundlegend zum Verständnis Klaras sind ihre eigenen Schriften und die zeitgenössischen Schriften an und über sie: *Leben und Schriften der heiligen Klara von Assisi*, hrsg. v. Marianne Schlosser u. Engelbert Grau, 8. Aufl. 2001 (Kurztitel = **Klara-Schriften**).

nach einem Leben in der Nachfolge des armen Jesus, pflegte schon zuhause in ihrem Elternhaus ein intensives Gebetsleben und ließ den Armen der Stadt heimlich Lebensmittel von ihrem Elternhaus zukommen. Die religiöse Sehnsucht Klaras und des etwa zwölf Jahre älteren Franziskus scheinen sich sehr nahe gewesen zu sein, so daß in Klara die Sehnsucht wach wurde, wie Franziskus und seine Brüder zu leben und ihren Lebensstand als reiche Adelige zugunsten der Einfachheit und Ungesichertheit der armen Brüder aufzugeben. Noch mehr als für Franziskus, der zu einem wohlhabenden Teil der Minores der Stadt Assisi gehört hatte, war für Klara, die Tochter reichen und mächtigen Adels, der Wunsch, dem armen Christus in Armut nachzufolgen eine völlige Umwälzung ihrer Lebensumstände, ein Verzicht auf den gewohnten Wohlstand. In Erwartung großen Widerstandes der Familie entschloß sich Klara ihr Elternhaus heimlich zu verlassen, um sich von Franziskus in die Gemeinschaft der Brüder aufnehmen zu lassen. Am Palmsonntag 1211 überreichte der möglicherweise in die Flucht eingeweihte Bischof Guido von Assisi der jungen Frau Klara während des Gottesdienstes ganz persönlich den Palmzweig und ermutigte sie damit, so deuten es die Biographen, der Demut Jesu, der am Palmsonntag auf einem Esel in Jerusalem einzog, nachzufolgen. In der Nacht darauf flüchtete Klara aus ihrem Elternhaus in der Stadt Assisi in die Ebene zur Portiunkula-Kapelle, wo Franziskus und die Brüder sie schon erwarteten. Als Zeichen ihrer Hingabe an Gott und ihres künftigen Lebens in Armut schnitt ihr Franziskus die langen, gepflegten Haare ganz kurz ab und kleidete sie in das graue, nicht gefärbte Gewand der Minderbrüder. So zeigte bei Klara wiederum ein Kleiderwechsel den Beginn einer neuen Lebensform an. Noch in derselben Nacht brachte Franziskus Klara zu den Benediktinerinnen von San Paolo della Abbadesse, später zu den Armen Frauen von Sant'Angelo in Panzo, einer Art Beginen-Gemeinschaft (Frauen, die in einer freien Form in religiöser Gemeinschaft leben) und schließlich nach San Damiano, wo Klara und die sich ihr bald anschließenden Mitschwestern sich auf Dauer einrichteten. Klaras adelige Familie konnte diesen Schritt in die Ungesichertheit anfangs wie vermutet nicht akzeptieren und versuchte Klara und ihre ihr bald nachfolgende leibliche Schwester Katharina, die den Namen „Schwester Agnes“ annahm, mit Gewalt ins Elternhaus zurückzubringen, scheiterte aber an der hartnäkkigen Entschlossenheit der beiden Frauen. Offensichtlich ist, daß Franziskus nicht genau wußte, was er mit Klara in seiner Brüdergemeinschaft anfangen soll. Von Anfang an scheint er aber gewillt gewesen zu sein, Klara und ihre Schwestern nicht mit den Brüdern leben und herumziehen zu lassen, wie das bei verschiedenen Zweigen der Armutsbewegung nicht unüblich zu sein schien. Trotz der asketischen und büßerischen Einstellung dieser Gruppen (die deshalb auch *Pönitenten* genannt wurden), wie Jesus jungfräulich zu leben, scheint es durch die große Nähe unter den herumziehenden Männern und Frauen auch zu sexuellen Beziehungen gekommen zu sein. Deshalb hatten Pönitentengruppen einen entsprechend zwiespältigen Ruf. Und Franziskus mahnt in der *Nicht bullierten Regel* (12,2) seine Brüder, mit Frauen vorsichtig und achtsam umzugehen und sich zu hüten, „bei Tisch mit ihnen aus einer Schüssel zu essen“. Diese übliche Praxis anderer gemischter Pönitentengruppen lehnte er ab. Dabei ist sicherlich auch sein grundsätzlich eher schwieriges Verhältnis zu Frauen zu beachten, auf das wir später noch eingehen werden.

Tauzeichen: Leben aus der Erlösung

Es ist möglich, wenn das auch aus den Quellen nicht sicher zu belegen ist, daß Franziskus im November 1215 als Besucher oder Gast am 4. Laterankonzil in Rom teilgenommen hat. Dieses Konzil war das bedeutenste Reformkonzil des Mittelalters. Außerdem widmete es sich der Bekämpfung von Häresien und rief zu einem Kreuzzug auf. Papst Innozenz III. wollte auf dem Laterankonzil die Kirche innerlich und äußerlich stärken und erneuern. So versuchte etwa die Bestimmung des Konzils, neue religiöse Gemeinschaften sollten sich bestehenden geistlichen Familien anschließen und auf diese Weise bestehende Ordensregeln annehmen, die Zersplitterung neuer, innovativer geistlicher Gruppierungen zu verhindern und die Einheit der Kirche deutlicher zu machen. Vielleicht hat Franziskus bei diesem Konzil die Eröffnungspredigt des Papstes gehört, in der dieser im Anschluß an eine Stelle im Buch des Propheten Ezechiel davon sprach, daß die Gläubigen als Zeichen ihrer Erlösung mit dem Zeichen des *Taus* gezeichnet seien. Möglicherweise wurde die Vorliebe des Franziskus für das Tau-Zeichen, das er später an Kapellenwände und unter Briefe zeichnete, und das heute als das Zeichen für das Franziskanische schlechthin gilt, von dieser Predigt des Papstes angeregt.

Tau: griechischer Buchstabe; *Tav* ist der letzte Buchstabe des hebräischen Alphabets; nach Ez 9 und Offb 7,2–3 ist das *Tau* Zeichen der Rettung und des Heils.

Portiunkula-Ablaß: Leben aus Gnade

Wieder nach Assisi zurückgekehrt, erhält Franziskus vermutlich im Jahre 1216 vom neugewählten Papst Honorius III., nach einer anderen Version zweimal, nämlich in den Jahren 1221 und 1223, einen vollkommenen Ablaß für das Kirchweihfest von Portiunkula am 2. August. Ohne hier auf die historisch dürftigen Angaben zu diesem Ablaß einzugehen (die schriftlichen Quellen berichten erst Jahrzehnte später von diesem Ablaß), drückt die Sehnsucht nach einem vollkommenen Ablaß für die einfachen, armen Menschen sehr viel von der Grundhaltung des Franziskus aus. Nach einer alten Legende soll im Wald bei der Kapelle „Santa Maria degli Angeli“ zu Portiunkula gelegentlich der Gesang von Engeln zu hören sein. Gerade das war für Franziskus die Grunderfahrung, die er in Portiunkula gemacht hat: das Offenstehen des Himmels. Dort erlebte er, wie Gott selber ihm Weisung für sein Leben gab. Diese Weisung bestand vor allem darin, daß er arm und einfach sein durfte, weil er auf die Liebe des guten Vaters im Himmel vertrauen konnte. Dieses Vertrau-

Zum Portiunkula-Ablaß siehe die grundlegende Untersuchung: Mario Sensi: *Il perdono di Assisi*, Porziuncola 2002.

en war in seinem immer neuen Ringen um die Liebe und Barmherzigkeit Gottes der entscheidende Schritt. Darum wollte er, daß dieses offene und gütige Herz Gottes allen Menschen offenstehen sollte. Für die Kirche damals war der Ablaß ein sehr wichtiges Zeichen der Versöhnung mit Gott, ein ganz besonderes Geschenk der Gnade, das Gott den Gläubigen auf ihrem Lebensweg durch die Kirche machen wollte. Der Ablaß war verbunden mit Umkehrbereitschaft, Beichte, Gebet in einer bestimmten Kirche und Werken der Buße (Geldspenden für gute Zwecke, Wallfahrten usw.). Für die Armen waren die Geldspenden dabei belastend, und weite Wallfahrten waren wegen den Gefahren des Weges und der langen Zeitdauer schwierig bis unmöglich. Franziskus wollte, daß Gnade Gnade blieb, und umfassende Versöhnung mit Gott allen, die einen aufrichtigen Willen zur Umkehr ihres Lebens haben, leicht gespendet werden kann. Nach der legendarischen Überlieferung hinderte die römische Kurie den Papst aber, Franziskus den kostenlosen Ablaß für die Portiunkula-Kapelle für alle Tage des Jahres zu sprechen. Nur am Portiunkula-Fest, am 2. August, sollte er jedes Jahr zu erlangen sein. Die Wertschätzung des Ablasses zeigt, daß für Franziskus Vergebung nicht nur ein Geschenk des Himmels war, sondern daß auch Welt und Kirche sakramental, das heißt leibhaftig in dieses Geschenk der Vergebung eingebunden sind. Das göttliche Angebot der Vergebung im Sakrament der Versöhnung und im Ablaß stellt den Gläubigen ganz in die solidarische Gemeinschaft der Kirche hinein. Während die Sünde den Menschen vereinzelt und isoliert, führt ihn die Vergebung Gottes wieder in die Gemeinschaft zurück und trägt ihn in einem Netz von Zuwendung. Gerade die Gemeinschaft der Kirche, die durch die Egozentrik der Sünde der Gläubigen zerstört zu werden droht, hilft dem Fehlenden im Ablaß, von den Folgen seiner Schuld nicht erdrückt, sondern durch die Solidarität der Kirche getragen zu werden und einen Neubeginn erleben zu dürfen.

Der **Ablaß** will den mit Gott im Sakrament der Buße versöhnten Sünder wieder in die solidarische Gemeinschaft der Kirche hineinnehmen und so im einzelnen die Folgen seiner Sünden auf Erden und nach dem Tode lindern.

Die Aussendung der Brüder in die ganze Welt und die Begegnung mit dem Islam

Die Bruderschaft um Franziskus wuchs sehr schnell auf über tausend Brüder an, so daß eine neue Organisation, neue Aufgabenfelder und Länder in den Blick genommen werden konnten. Daher beschloß das sich um das Zentrum der Portiunkula-Kapelle versammelnde Pfingstkapitel im Mai 1217, die Gemeinschaft in Italien in sechs Provinzen aufzuteilen und jeder Provinz einen eigenen Provinzialminister als unmittelbar Verantwortlichen zu geben. Zudem wurden Brüder erstmals in verschiedene Regionen der Welt ausgesandt, um dort zu leben und das Evangelium zu verkünden. Dadurch kamen Gruppen von Minderbrüdern nach Frankreich, Deutschland, Spanien und Ungarn. Ebenso ins heilige Land Palästina und nach Marokko. Eine sehr schlechte Vorbereitung der einzelnen Brüder für ihre Aufgaben, etwa fehlende Sprachkenntnisse, führten allerdings zu einem ersten Scheitern einzelner Missionen, die dann in einem zweiten Anlauf mit besserer Vorbereitung später nochmals angegangen wurden. Die 1219 erlassene päpstliche Bulle *Cum dilecti filii* empfiehlt die Minderbrüder erstmals offiziell den Prälaten der Kirche und vereinfacht so die Zusammenarbeit neu ankommender Brüder mit der Kirche vor Ort. Trotzdem bleiben Konflikte zwischen den ortsansässigen Priestern und den beliebten und charismatisch auftretenden Minderbrüdern an der Tagesordnung und verstärken sich im Verlauf der Jahrzehnte noch.

Zum Diakonat des hl. Franziskus: Bernhard Holter, *Zum besonderen Dienst bestellt,* 1992.

Vermutlich um das Jahr 1217 wird Franziskus zum Diakon geweiht. Diese Diakonatsweihe, deren Datum und Ort unbekannt ist, ist heute kaum mehr zu bezweifeln. Mit dieser damals unüblichen Weihe zum „ständigen Diakon" läßt sich Franziskus enger in den Dienst der Kirche an den Menschen einbinden, übernimmt mehr Verantwortung für die Verkündigung des Evangeliums und tut als Diakon, als Diener der Kirche doch nur einen demütigen und kleinen Dienst, den Dienst der Fußwaschung, den er später auch den Dienern des Ordens, den *Ministern,* wie er die „Oberen“ nennt, sehr ans Herz legt.

Minister: „Diener“ der Brüder, die verantwortlichen Brüder; bei Franziskus die übliche Bezeichnung der Dienste innerhalb der Gemeinschaft.

Besuch beim Sultan von Ägypten

Nach zwei ersten mißlungenen Versuchen, sich an einer Mission unter den Sarazenen (Muslimen) zu beteiligen, gelingt es Franziskus erst im Jahre 1219, in engeren Kontakt mit der Welt des Islam zu treten. Die Begegnung mit dem muslimischen Sultan wird aber so berühmt, daß sie bis heute und vielleicht gerade heute wesentlich zu unserem Franziskusbild dazugehört. Selbst zeitgenössische arabische Quellen berichten von diesem Besuch, etwa die Grabinschrift eines muslimischen Mystikers namens Faks-el-Din-Farisi: „Dieser hier ist allen für seine Tugend bekannt. Sein Erlebnis mit (Sultan) al-Malik-al-Kamel und was ihm des Mönches wegen widerfuhr, ist sehr berühmt.“ Mit Kreuzzugstruppen reist der Poverello nach Ägypten. Bei Damiette stehen sich die christlichen Kreuzfahrer und das Heer des Sultans gegenüber. Was tut Franziskus bei Damiette? Was war überhaupt die Absicht dieser Reise nach Ägypten? Diese Fragen sind aus den Quellen nicht klar zu beantworten. Jan Hoeberichts, dessen Buch die Begegnung des Franziskus mit dem Islam umfassend darzulegen versucht, betont, daß der Besuch in Damiette zuerst eine Friedensmission sein wollte. Zweifellos wollte Franziskus den Frieden zwischen Muslimen und Christen fördern. Das war aber wohl nur ein Motiv unter anderen und nicht das Hauptmotiv seiner Reise. Daß Hoeberichts die Berichte über den Besuch beim Sultan in dieser Frage für wenig glaubwürdig hält und ihr die Franziskusregel entgegenstellt, ist so nicht nachvollziehbar,

Grabinschrift eines muslimischen Mystikers nach: FRANCIS DE BEER, *Der heilige Franziskus und der Islam,* in: *Concilium* 17 (1981) 696–705, hier: 700.

JAN HOEBERICHTS, *Feuerwandler. Franziskus und der Islam,* 2001, hier vor allem S. 84–100.

weil nur spekulativ. Es ist eher anzunehmen, daß mehrere Motive Franziskus bewegten. Die Quellen, vor allem Thomas von Celano und Bonaventura, sprechen von den Sehnsucht des Franziskus nach dem Martyrium. Das ist sicherlich mit ein Motiv für die Reise zu den Muslimen gewesen. Franziskus hielt das Martyrium, die Hingabe des Lebens als Glaubenszeugnis für Jesus für die letzte Vollendung der Nachfolge Christi, die er anstrebte und ersehnte. Das tiefste Motiv für den Besuch beim Sultan scheint mir aber, wie die Biographen berichten, die Hoffnung gewesen zu sein, dem Sultan den Glauben an Christus zu verkünden und ihn so von der Wahrheit des Christentums zu überzeugen. Das hätte automatisch zum Frieden geführt. Eine wohl bloß fromme Legende der späten Fioretti (24,20–25) berichtet denn auch davon, daß der Sultan auf dem Totenbett von wunderbarerweise herbeigerufenen Minderbrüdern getauft worden sei.
Am meisten entspricht es der Persönlichkeit des Poverellos und der Situation des Krieges, wenn wir annehmen, daß Franziskus ohne klaren Plan und mit verschiedenen Ideen und Hoffnungen im Hinterkopf eine persönliche Begegnung mit dem Sultan suchte. Zusammen mit einem Mitbruder schafft es Franziskus, heil durch die „Frontlinie" hindurchzukommen und zum Sultan vorgelassen zu werden. Sultan Malik al-Kamil scheint ein dialogbereiter und an vertieftem Wissen über die christliche Religion interessierter, von islamisch-mystischem Gedankengut beeinflußter Muslim gewesen zu sein und das in einer Zeit, in der sich Muslime und Christen blutig bekämpften und die jeweils andere Religion boshafter Lüge bezichtigten.

Dialogisches Lernen vom Islam

Im Rahmen christlicher Kreuzzugspolemik war es etwa üblich, Mohammed als einen Lügner zu bezeichnen. Doch die Offenheit und Interessiertheit des mächtigen Sultans beeindruckte Franziskus. Aber auch der Sultan war sehr beeindruckt von der Bescheidenheit und persönlich-religiösen Glaubwürdigkeit des Poverello. Ohne über den Inhalt der sich über ein paar Tage erstreckenden Gespräche aus den Quellen Genaueres zu erfahren, scheint die Begegnung der beiden ein fast idealer interreligiöser Dialog gewesen zu sein. Und das unter schwierigsten (Kriegs-)Bedingungen. Beide haben zugehört, interessante Elemente aufgenommen und voneinander gelernt, ohne aber die eigene religiöse Sichtweise und Haltung aufzugeben. Voller Bewunderung der religiösen Tiefe des Islam kehrt Franziskus nach seiner Weiterreise ins Heilige Land aus dem Orient zurück. Er übernimmt gar – und das war für seine Zeit und Situation ein Novum – religiöse Elemente des Islams und integriert sie in seinen christlichen Glauben. So etwa die betonte Bewunderung der Größe und Allmacht Gottes, die körperliche Gebetshaltung des Sich-vor-Gott-Niederwerfens und den Gebetsruf des Muezzins, den Franziskus in Europa als (christliches) Glockenläuten fördern wird. Im Brief an die Lenker der Völker schlägt Franziskus den Mächtigen Europas vor, daß jeden Abend ein Herold oder ein Zeichen zum Gotteslob aufrufen soll (Lenkerbrief, 7), und in einem weiteren Brief, „daß zu jeder Stunde und wenn die Glocken läuten, dem allmächtigen Gott vom gesamten Volk auf der ganzen Erde immer Lobpreis und Dank dargebracht wird“ (1. Kustodenbrief, 8). Wenn das spätere *Angelus-Läuten* im christlichen Europa wirklich von diesem Vorschlag des heiligen Franziskus mitangeregt wurde, würde das bedeuten, daß Franziskus zur Verkündigung des zentralen Geheimnisses des Christentums – das übrigens vom Islam nicht geteilt wird –, der Menschwerdung Gottes in Jesus Christus, sich vom Ruf des muslimischen Muezzins anregen ließ. Das wäre eine äußerst bemerkenswerte Form interreligiösen dialogischen Lernens, die typisch für Franziskus ist.

Der *Brief an die Lenker der Völker* (Kurztitel = **Lenkerbrief**) und der *Erste* und *Zweite Brief an die Kustoden* (Kurztitel = **1.** u. **2. Kustodenbrief**) finden sich in: Lehmann S. 175 ff., 142 ff.

Angelus-Läuten: Täglich dreimaliges Glockenläuten zum Gebet „Der Engel des Herrn“ *(Angelus Domini)*, das in Europa und in anderen Teilen der Welt vielerorts üblich ist. Vgl. dazu: GOTTFRIED EGGER, *Der Engel des Herrn*, 2001, S. 8–14.

In der Begegnung mit dem Sultan ließ sich Franziskus also vom Islam bewegen, bewegte aber auch den Sultan durch sein

christlich-persönliches Zeugnis, das wichtiger war als alle Argumente. Der Vorschlag der Feuerprobe, der von Franziskus gemacht wurde (allerdings einzig nach der großen Franziskuslegende Bonaventuras – Legenda Maior, 9,8 – und darum historisch nicht sicher belegbar), daß er und muslimische Geistliche durch ein Feuer gehen sollen, damit Gott selber die Stärke des jeweiligen Glaubens in der Unversehrtheit der Person bezeugen kann, muß vor allem in diese Richtung gedeutet werden. Es ging nicht einfach um die Provokation eines göttlichen Wunders, sondern um die Bereitschaft, für den Glauben an Jesus Christus das eigene Leben hinzugeben. Diese Sehnsucht nach dem Martyrium, die in Franziskus wie auch in Klara lebte, ist Sehnsucht nach Nähe zum Gekreuzigten, der sein Leben für die Menschen hingegeben hat.
Verblüffenderweise kehrt Franziskus also zusammen mit seinem Mitbruder Illuminatus gesund und im Glauben gestärkt zum christlichen Kreuzfahrerheer zurück. Zwar hat er keines seiner möglichen Ziele erreicht: Weder wurde der Sultan Christ, noch wurde Frieden zwischen Christen und Muslimen, noch erlitt Franziskus selber das Martyrium. Dafür wurde er in seiner eigenen Frömmigkeit gestärkt, und das Christentum in Europa erhielt vor allem durch das Gebetsläuten neue Impulse für das Frömmigkeitsleben. Nicht umsonst ist der Poverello beim ersten Gebetstreffen von Führern der Weltreligionen im Jahre 1986 und dann wieder im Jahre 2002 in Assisi von Papst Johannes Paul II. sozusagen zum Patron des interreligiösen Gebetes und Dialoges ernannt worden.

Das Ringen um den Orden und seine Lebensregel

Nach der Pilgerreise an die heiligen Stätten in Palästina erhält Franziskus 1220 Nachrichten aus Italien, die ihn beunruhigen. Die zwei gelehrten Vikare, die Franziskus vor seiner Abreise eingesetzt hatte, hatten die Notwendigkeit erkannt, den schnell wachsenden Orden besser zu organisieren und auftretende Mißbräuche und Laxheiten durch neue, klare Normen zu bekämpfen. So übernahmen sie von den alten Mönchsorden verschiedene Richtlinien, etwa was Fast- und Abstinenzgebote betrifft. Franziskus ist zwar in solchen Fragen sehr streng mit sich selbst, will aber die Freiheit des Evangeliums grundsätzlich nicht durch eine Vergesetzlichung aufheben. Eigentlich will er, daß die Brüder sich keine anderen Regeln geben als allein die Worte Jesu im Evangelium. Wer könnte genauere Richtlinien geben als das Evangelium? Ist Jesus nicht das letzte Wort Gottes an uns Menschen? Wer könnte exaktere Worte und Regeln finden als das, was Jesus Christus uns selber gelehrt hat? Die Minderbrüder sollen in aller Einfalt und ohne subtile Erklärungen *(sine glossa)* das wortwörtlich leben, was im Evangelium steht. Denn diese Worte und nicht unsere eigenen Regeln sind Geist und Leben. Rasch reist Franziskus nach Italien zurück, übernimmt wieder die Ordensleitung und erbittet bei Papst Honorius III. einen Kardinal der Kirche als Kardinalprotektor für den Orden, damit die Kirche direkter den Minderbrüdern in ihrem Leben nach dem Evangelium beistehen kann. Gerade dadurch geht der zum Überleben notwendige Institutionalisierungsprozeß der franziskanischen Bewegung hin zu einem organisierten Orden der Kirche weiter. Immer bleibt dabei die Spannung zwischen dem einfältigen Leben nach dem Evangelium, wozu Franziskus sich einzig berufen fühlte, und der notwendigen Organisation eines großen Ordens, der sehr wichtigen Einfluß auf die Welt und die Kirche gewinnt, bestehen. Es ist diese Spannung, die Franziskus gegen Ende seines Lebens immer mehr belastet und zu zerreissen droht.

Regeln als Leithilfen zum Leben

Am 22. September 1220 wird durch die päpstliche Bulle *Cum secundum consilium* unter anderem ein verpflichtendes Probejahr *(Noviziat)* im Minderbrüderorden eingeführt. Zu viele Brüder, die in heller Begeisterung in den Orden eingetreten waren, verließen ihn nach einiger Zeit wieder. Die Klugheit forderte eine fundiertere Ausbildung und eine längere Bedenkzeit. Im selben Jahr tritt Franziskus von seinem Leitungsamt zurück und übergibt es dem Juristenbruder Petrus Cattani. Der Poverello weiß, daß er kein geeigneter Organisator eines großen Ordens ist. Er ist vielmehr Charismatiker und Mystiker. Mit innerem Widerstreben macht er sich, von den Brüdern gedrängt und mit der Hilfe seines gelehrten Mitbruders Cäsar von Speyer, an die Abfassung einer ausgefalteten Ordensregel, die 1221 fertig wird und heute als *Nicht bullierte Regel* bekannt ist. Nach dem Ideal des Franziskus, schlicht und einfach das Evangelium zu leben, bleibt sie allerdings im Kern eine Zusammenstellung von Bibelversen, die in weiten Teilen mehr ein Gotteslob als ein Rechtsdokument ist. Die Mitbrüder werden mit der Regel denn auch nicht zufrieden sein, weil sie zu wenig konkrete Anweisungen für das alltägliche Leben gibt. Was aber kann konkreter sein als das, was Jesus im Evangelium selber sagt? Dies ist wohl die zwangsläufige Rückfrage des Franziskus gewesen.

Kapitel als Diskussionsforen und Entscheidungsgremien

Das sogenannte „Mattenkapitel – von den „Matten“, auf denen die Brüder lagerten – von 1221, das größte Kapitel der Minderbrüder überhaupt, das alle etwa 3000–5000 Brüder um Portiunkula versammelt, wählt als Nachfolger des plötzlich verstorbenen Petrus Cattani Bruder Elias von Cortona. Dieser wird sich als ein zweifellos genialer Organisator bewähren, wird sich im Orden durch verschiedene umstrittene Maßnahmen aber sehr unbeliebt machen. Das Mattenkapitel von 1221 ist ein Ereignis, an dem die Brüder die Vorsehung Gottes auf einzigartige Weise erfahren dürfen. Im Vertrauen auf Gott haben sich die Brüder kaum mit der Infrastruktur des Kapitels befaßt. Trotzdem dürfen sie erleben, wie die Bevölkerung aus der Umgebung in großen Mengen Getränke und Lebensmittel herbeischafft, so daß alle genug und mehr als genug zu essen bekommen. Andererseits bezeichnet das Mattenkapitel das Ende einer wichtigen Phase des Ordens. Um nicht ins Chaos zu fallen, mußte die Gemeinschaft noch mehr geordnet und institutionalisiert werden. Zeichen dafür ist, daß von da an auch die Teilnahme an den Kapiteln neu organisiert werden mußte, weil wegen der großen Zahl und der Zerstreuung der Brüder nicht mehr immer alle Brüder zu den Kapiteln kommen konnten. Auch wünschen die Brüder eine griffigere Regelfassung. Franziskus zieht sich darum 1222/23 wieder in die Stille nach Fonte Colombo im Rieti-Tal zurück, um seine erste Regelfassung zu überarbeiten. Die neue Regel, die sogenannte *Bullierte Regel* reift in der Meditation und im Gebet, aber auch im Gespräch mit theologisch, iuristisch und sprachlich geschulten Mitbrüdern und mit der päpstliche Kurie, die einige kirchenrechtlich klare Bestimmungen wünscht. Papst Honorius III. beschließt mit der Bulle *Solet annuere,* mit der er die Regel für rechtlich ver-

Br. Elias von Cortona (um 1180–1253): zuerst Provinzial im Heiligen Land, dann zweiter Generalvikar, später Generalminister des Minderbrüderordens; Organisator des Baus der Basilika San Francesco in Assisi. Umstritten, wegen seiner Nähe zu Kaiser Friedrich II. ab 1239 bis kurz vor seinem Tode exkommuniziert.

Franziskus zog sich öfters alleine oder mit Brüdern zusammen in **Einsiedeleien**, die in oft bewaldeten Berghängen lagen (z. B. Carceri bei Assisi), oder etwa auch auf eine Insel im Trasimenersee (Isola Maggiore) in die Stille und ins Gebet zurück. Für das Leben der Brüder in Einsiedeleien schrieb er eigens eine *Regel für Einsiedeleien.*

bindlich erklärt, am 29. November 1223 den langen Prozeß der Verschriftlichung der Regel der Minderbrüder. Neben dem Evangelium, nach dem zu leben allen Christen aufgetragen ist und dem Vorbild des Lebens des Franziskus, der *Forma Minorum*, wurde damit erstmals ein verbindlich-schriftlicher Bezugspunkt für das Leben der Minderbrüder geschaffen.

Weihnachten: Gottes Nähe in seiner Menschwerdung

Greccio: Ort im Rieti-Tal. Hier gründeten die Minderbrüder noch zu Lebzeiten des Franziskus eine Einsiedelei.

Zu erwähnen ist auch die Weihnachtsfeier, die Franziskus im Jahre 1223 in Greccio abgehalten hat. Sie ist letztlich der Ursprung von vielen Krippenfeiern, die durch die Jahrhunderte hindurch abgehalten wurden. „Lebendige Krippe“ *(crêche vivante)*, so werden solche Krippenfeiern im frankophonen Sprachraum heute genannt. Bonaventura berichtet davon:
„Drei Jahre vor seinem Heimgang beschloß er (Franziskus), bei dem Flecken Greccio das Fest der Geburt des Jesuskindes mit aller Feierlichkeit zu begehen, um die Andacht zu ihm neu zu beleben. Damit man ihm diese Feier aber nicht als Neuerung auslege, erbat er sich vom Papste die Erlaubnis dazu und erlangte sie auch. Dann ließ er eine Krippe herrichten, Heu herbeibringen und Ochs und Esel dorthin führen. Er rief seine Brüder herbei, das Volk strömte herzu, und der Wald hallte wider von ihren Gesängen. Jene denkwürdige Nacht wurde durch den Lichtschein der vielen Fackeln und den einmütigen Gesang der Loblieder zum strahlenden Festtag. Der Gottesmann stand voll heiliger Andacht bei der Krippe, war zu Tränen gerührt und selig vor Freude. An der Krippe wurde ein feierliches Hochamt gefeiert, und der Diakon Christi Franziskus sang das heilige Evangelium. Dann predigte er dem umstehenden Volke von der Geburt des armen Königs; wenn er dessen Namen aussprechen wollte, nannte er ihn aus zärtlicher Liebe das Kind von Bethlehem. Ein untadeliger und glaubwürdiger Ritter, der Herr Johannes von Greccio, der um der Liebe

Christi willen dem irdischen Ritterdienst entsagt hatte und dem Gottesmann in herzlicher Freundschaft verbunden war, versicherte, er habe in der Krippe ein überaus schönes Kind liegen sehen, das schlief; der selige Vater Franziskus habe es in seine Arme geschlossen und aus dem Schlafe geweckt" (Legenda Maior, 10,7).

Franziskus wollte die Menschwerdung Gottes in Bethlehem so lebendig wie möglich erleben und erleben lassen. Weihnachten sollte nicht nur das Fest einer Erinnerung an etwas sein, das früher einmal geschehen ist, sondern das Geheimnis der Menschwerdung Gottes sollte als gegenwärtig erfahren werden. Dem diente – nebem dem handfesten Aufbau der Krippenszene – vor allem die sakramentale Gegenwärtigsetzung des Leibes Christi in der Feier der Eucharistie.

In der Eucharistie, in der die Gegenwart der sich in Jesus verschwendenden Liebe Gottes am deutlichsten greifbar wird, erinnert sich Franziskus nicht nur an Tod und Auferstehung Jesu, sondern auch an seine Menschwerdung.

Doch der Poverello bleibt nicht bei dieser Konzentration auf die Eucharistie als der intensivsten Form der Weihnachtsfeier. Er öffnet seinen Blick erneut und will die ganze Schöpfung an der Freude über die Menschwerdung und damit über die Nähe Gottes Anteil nehmen lassen. Alle Geschöpfe sollen sich am Weihnachtsfest zusammen mit den Armen besonders freuen dürfen.

Franziskus „wünschte, daß an diesem Tag die Armen und Hungrigen von den Reichen gespeist würden und daß man Ochs und Esel mehr Korn und Heu gebe als sonst. „Wenn ich", sprach er, „mit dem Kaiser reden kann, so werde ich ihn bitten, es solle ein Reichsgesetz erlassen werden, daß womöglich alle Leute Weizen und Korn auf die Wege streuen, damit die Vöglein an einem solchen Hochfest Überfluß haben an Nahrung, besonders unsere Schwestern, die Lerchen" (2 Celano, 200).

Liebevoll naiv will Franziskus nicht nur selber Körner auf die Wege streuen, sondern auch gleich ein Reichsgesetz erwirken, damit alle Vögel im ganzen Reich einen besonderen Weihnachtsschmaus bekommen. Das „Fest der Feste, an dem Gott, ein kleines Kind geworden, an menschlichen Brüsten hing" (2 Celano, 199) und so zum Bruder des Menschen geworden ist, ist auch das Fest aller Geschöpfe, die an diesem Tag auf ganz besondere Art und Weise Schwestern und Brüder des Menschen geworden sind. Doch Franziskus meint nicht nur alle Geschöpfe zusammen, sondern jedes einzelne, besonders seine Lieblingsschwestern, die Lerchen, die so schön singen können.

Die Stigmatisierung auf dem Berg La Verna

Wie schon in anderen Momenten seines Lebens durchlebte Franziskus auch im Jahre 1224 eine sehr tiefe Krise. Obwohl 1223 seine Regel, die sogenannte *Bullierte Regel,* von Papst Honorius III. feierlich bestätigt wurde, ging das innere Ringen des Franziskus um den weiteren Weg seines Ordens weiter. Hatte er nicht viele Fehler gemacht? Hätte er den Orden besser gar nicht gegründet? Waren die Brüder nicht vom Grundgedanken, den ihm der Herr selber eingegeben hatte, abgewichen? Dazu kamen die inneren Zweifel, die Franziskus sehr quälten. Je länger er Gott suchte, desto entfernter erschien dieser ihm. Und je mehr er die unfaßbare Heiligkeit Gottes wahrzunehmen vermochte, desto unerträglicher wurde ihm seine Schwäche, Sündhaftigkeit und Kleinheit. So wollte Franziskus wieder ganz neu aufbrechen, um Gott zu suchen und ihm neu zu begegnen. Dazu zog er sich im Sommer 1224 auf den einsamen und dicht bewaldeten Berg La Verna zurück, den er vor einiger Zeit vom Graf Orlando geschenkt bekommen hatte. In der Stille wollte er Gott suchen und dessen Wegweisung ganz neu erhalten. Als Begleiter nahm er Bruder Leo mit, seinen vertrauten Beichtvater, der ihn schon oft in schwierigen Situationen begleitet hatte. Diese Zeit der Einsamkeit, diese 40 Tage sollten auch eine Vorbereitung auf das Fest des heiligen Erzengels Michael am 29. September sein, der im Mittelalter besonders verehrt wurde.

La Verna: Nördlich von Arezzo gelegener Berg. Auf diesem Berg entstanden später eine Einsiedelei und ein Kloster der Minderbrüder.

Die Legenden berichten von einer sehr schweren Zeit auf dem Berg La Verna. Wenn es heißt, daß die Dämonen versucht hätten, Franziskus einen Felsen herunterzustürzen, ahnen wir moderne Menschen, daß Franziskus mit der Versuchung zum Suizid zu kämpfen hatte. So sehr hat er sich mit seinen inneren Abgründen auseinandergesetzt und ist den geheimnisvollen Abgründen Gottes so nahe gekommen, daß seine ganze innere Gebrochenheit in tiefe Berührung mit der Gebrochenheit des Gekreuzigten kam ist und gerade so schließlich verwandelt wurde.

In den Wunden berührt

Kurz nach dem Fest Kreuzerhöhung (14. September), nach der Tradition am 17. September, so wird berichtet, sei Franziskus ein Seraph, der sechsflügelige Engel des Feuers, erschienen, der gekreuzigt gewesen sei. Dieser Seraph, der ein geheimnisvolles Bild für den Gekreuzigten und letztlich für das ganze Geheimnis des dreieinen Gottes ist, habe ihn angeschaut und Franziskus sei so sehr hineingenommen worden in dieses Geheimnis, daß er selber nach dieser Erscheinung an den Händen, an den Füßen und am Herzen die Wunden Jesu getragen habe. Der Biograph Thomas von Celano berichtet sogar, daß aus dem Fleisch an Händen und Füßen Nägel herausgetreten seien, deren Spitzen hinten umgebogen waren.
Die innere Wandlung, die in Franziskus vorgegangen war, konnte Bruder Leo nicht verborgen bleiben. Obwohl der Poverello ihm und den anderen Brüdern gegenüber die Wundmale an seinem Leibe sorgsam verbarg, bemerkte Bruder Leo wegen des ruhigen Friedens, der Franziskus erfüllte, daß etwas Großes geschehen sein mußte. Franziskus wiederum spürte die Bedrückung, die in Bruder Leo aufstieg, als dieser bemerkte, daß er am Geheimnis dieser tiefen Gottesbegegnung des Franziskus nicht teilhaben konnte. Er hatte Franziskus zwar bis zur Grenze der mystischen Erfahrung hin begleitet, blieb nun aber an der Oberfläche stehen, ohne ins Innere hineinschauen zu können. Das löste bei Bruder Leo eine Krise aus. Die Gottesbegegnung in der Stigmatisierung führte Franziskus aber nicht nur tiefer in das Geheimnis Gottes hinein, sondern machte ihn auch offener und sensibler für die Welt, besonders für seinen Mitbruder Leo. So schrieb er diesem mit seinen durchbohrten, blutigen und schmerzenden Händen einen klei-

nen Segensbrief, um ihm sehr einfühlsam den Segen Gottes zuzusprechen und zu vermitteln.

> Der Herr segne dich und behüte dich.
> Er zeige dir sein Angesicht und erbarme sich deiner.
> Er wende dir sein Antlitz zu und schenke dir den Frieden (vgl. Num 6,24–26).
> Der Herr segne Bruder Leo, dich.

Eine kleine Skizze am Ende des Briefes zeigt den Kopf Bruder Leos, den Franziskus mit dem Heilszeichen des Taus bezeichnet hat. In diese Zeichnung des Kopfes seines Mitbruders mit dem großen Tau darüber hat der Heilige den letzten Satz seines Segenswunsches, den persönlichen Zusatz für Leo, hineingeschrieben.

Segen für Bruder Leo, Text mit Zeichnung in: Lehmann, S. 52.

Auf der Rückseite der Segensworte notierte er den *Lobpreis Gottes* (Lehmann, S. 50 f.), der wohl das tiefste und ergreifendste Zeugnis vom Erleben auf dem Berg La Verna gibt. Es ist ein litaneiartiger, nicht enden wollender Lobpreis Gottes, der die Extreme zu umfassen vermag. Gott wird gerühmt als die Größe, die Schönheit, der Reichtum. Gleichzeitig aber auch als die Demut und die Geduld. Für Bruder Leo war dieses Brieflein und dieser Text eine so wertvolle Reliquie, ein so wichtiges Andenken an Franziskus, daß er das Pergament in seinen Habit einnähte, damit ihm immer die Liebe Gottes zugesprochen bliebe. Erst nach seinem Tod wurde das Pergament mit in roter Tinte geschriebenen Kommentaren von Bruder Leo in seinem Ordensgewand gefunden.

Krankheiten und Tod

Von vielen Krankheiten, unter anderem von einer Augenkrankheit, die ihn beinahe erblinden ließ und die die Ärzte durch Ausbrennen der Schläfen mit glühenden Eisen, einer damals üblichen Methode, zu behandeln versuchten, und den schmerzhaften Stigmata gezeichnet, verbrachte Franziskus den Winter 1224/25 in San Damiano. Obwohl Schwester Klara in der Nähe war und die Schwestern für ihn sorgten, war diese Zeit noch einmal ein Moment großer innerer Kämpfe für den schon überall als Heiligen verehrten Poverello. Die Nähe zum gekreuzigten Herrn, die er in den Stigmata leiblich spüren konnte, war für ihn auch eine schmerzhafte Teilnahme am Leiden. Er erlebte so leibhaft Schmerz, Einsamkeit und Selbstzweifel des Gekreuzigten mit, konnte aber durch dieses Leiden hindurch auch das tiefe Getragensein vom himmlischen Vater erfahren. Diese Zeit in San Damiano ist eine weitere und letzte Phase des Reifens im Leben des Franziskus. Durch diese letzte Not hindurchgegangen, findet er endgültig zum Frieden in Gott und mit dem gesamten Kosmos. Aus dem fast erblindeten Poverello bricht geradezu das Gotteslob des Sonnengesanges hervor. Körperlich zerbrochen, seelisch durch schwerste Krisen hindurchgegangen, tritt er endgültig ein in den Lobpreis der Schöpfung und des Schöpfers und vermag sogar den Tod als Bruder zu begrüßen.

Franziskus will aber weiterhin und jetzt vielleicht erst recht das Evangelium verkünden und setzt seine Predigtreisen unter großen Schmerzen fort; in seiner Krankheit nun auf einem Esel reitend. Als er schließlich Bruder Tod nahen spürt, möchte er zur Kapelle von Portiunkula gebracht werden, um dort, wo Gott selber ihm den Weg der Nachfolge des armen Christus wies, das Leben seinem Schöpfer ganz zurückzugeben. Irgendwann in diesen letzten Lebenswochen hat Franziskus sein geistliches Testament diktiert. Darin blickt er auf die Anfänge seines Weges zurück und hebt noch einmal die Grund-

In seinem geistlichen Testament (siehe Randnote S. 26) bezeugt Franziskus in sehr prägnanten Worten den Weg, den Gott ihn geführt hat.

züge seiner Berufung hervor. Gleichzeitig gibt er seinen Brüdern einige Ermahnungen für die Zukunft mit, in denen er – wohl angesichts von aktuellen Mißbräuchen unter den Brüdern – die Armut, die Treue zur Kirche und den Gehorsam gegenüber den Ministern des Ordens besonders betont. Entgegen der Absicht des Franziskus, der nur noch einmal einfältig auf das einfache Leben nach dem Evangelium hinweisen wollte, entstehen nach seinem Tod langwierige Kontroversen über die juristische Verbindlichkeit dieses Testamentes. Sie fördern die schweren Konflikte im Orden, die nach dem Tod von Franziskus teilweise stark eskalieren.
Was Franziskus zu Beginn seines Weges, als er sich nackt vor dem Bischof auszog, um sein Leben ganz dem Vater im Himmel zu schenken, sozusagen ausprobierte und begann, vermag er nun in seinem Tode vollenden zu lassen. Er läßt sich nackt ausziehen und möchte so nackt sterben wie Jesus nackt am Kreuz hing. Er will alles loslassen, um sich als ganz Armer den Händen des Vaters im Himmel anzuvertrauen. Zuvor wünscht er nicht nur die Lesung des Leidensberichtes, das Vorsingen seines Sonnengesanges durch Brüder und das Beten von Psalmen, sondern auch eine letzte Begegnung mit der Frau Jacoba, einer Römerin, mit der er über längere Zeit befreundet war. Diese bringt ihm nach Wunsch eine Honigspeise mit, die der Poverello sehr gerne hatte und die ein letztes Zeichen der Freundschaft ist. So scheint in der Todesschwäche die Freude an der Schöpfung – und damit auch das Genießen von Süßigkeiten – endgültig die Oberhand über das häufige und schwere, in dieser Form gesundheitsschädliche Fasten gewonnen zu haben. Franziskus erlebt tiefen inneren Frieden in Gott. In diesem Moment versteht es Franziskus auch, den Orden, sein Lebenswerk, loszulassen und ganz in die Hände Gottes zu legen. Die letzten Ermahnungen verstummen, und er kann sagen: „Ich habe das meine getan, was euer ist, möge euch Christus lehren“ (2 Celano, 214). Ihm selbst aber ist vor dem Tod das Geschenk der Rückkehr zum Eifer des Anfangs gegeben: Franziskus sagte „öfter zu seinen Brüdern: ‚Brüder, fangen wir an, Gott unserem Herrn zu die-

nen, denn bisher haben wir kaum Fortschritte gemacht!' Mit großem Verlangen brannte er darauf, zu dem demütigen Leben der ersten Jahre zurückzukehren; wie zu Anfang wollte er den Aussätzigen dienen und seinen Leib, den mannigfache Mühen entkräftet hatten, zur früheren Dienstbarkeit zwingen. Er nahm sich vor, unter Christi Führung gewaltige Taten zu vollbringen; mochten auch seine Glieder ermattet sein, sein Geist war voll Kraft und Glut und hoffte, in neuen Kämpfen über den Feind zu triumphieren. Denn wo der Sporn der Liebe zu stets größeren Taten antreibt, finden Trägheit und Müßiggang keinen Zutritt. Der Einklang zwischen Fleisch und Geist war aber bei ihm so vollkommen, so groß auch sein unverzüglicher Gehorsam, daß das Fleisch keinerlei Widerstreben zeigte, sondern sogar vorauszueilen suchte, wo er jegliche Heiligkeit zu erringen trachtete" (Legenda Maior, 14,1). So flammt in Franziskus noch einmal vor seinem Tod die Leidenschaft des Anfangs auf, und er möchte den Weg des Kleinwerdens nochmals beginnen, um ihn besser gehen zu können.

Übergang

Am 3. Oktober 1226 stirbt Franziskus, begleitet von den Anwesenden, nach Sonnenuntergang. Für ihn ist es ein *Transitus*, ein Hinübergang zu Gott, eine Verwandlung. Für die Menschen aber erlangt dieser kleine, ungebildete und einfältige Mensch, wie er sich gerne selber nennt (z.B. Testament, 29), weltgeschichtliche Bedeutung. Schon am 4. Oktober wird sein Leib über San Damiano, wo Klara und ihre Schwestern dem Toten ein letztes Mal begegnen dürfen und ihn beweinen können, hinter die schützenden Stadtmauern Assisis gebracht, wo er zuerst in der Kirche San Giorgio bestattet wird, um dann 1230 in der neu gebauten, prunkvollen Unterkirche von San Francesco beigesetzt zu werden. Schon im Jahre 1228 wird Franziskus von Papst Gregor IX. heiliggesprochen. Trotz vieler Spannungen und beginnender Spaltungstendenzen breitet sich der Minderbrüderorden weiter rasch aus. Durch die organisatorische Stabilisierung des neuen Ordens, wird dieser zu einem der bedeutendsten Orden der Kirche, der durch Jahrhunderte hindurch das einfältige Charisma des Poverellos in vielfältigen Formen an Kirche und Gesellschaften vermittelt und sich in Treue und manchmal auch in Untreue zum Geist des Franziskus für die Welt und für die Menschen einsetzt.

Die Geschichte des Minderbrüderordens stellt LÀZARO IRIARTE, *Der Franziskusorden,* 1984, zusammenfassend dar. Heute gibt es drei Zweige des Minderbrüderordens: ***Franziskaner*** oder ***Observanten*** OFM, Minoriten oder ***Konventualen*** OFMconv und ***Kapuziner*** OFMcap. Daneben einige kleinere franziskanische Männer-Gruppierungen.

Neben vielen Erinnerungen, die in Heiligenlegenden oder anderen Schriftstücken aufbewahrt wurden, neben dem Leben der Brüder und Schwestern, die es ihm nachtun wollten und den Heiligtümern, die zu lebendigen Zeugen vieler Begebenheiten aus dem Leben des Poverellos wurden, sind die Schriften, die Franziskus uns selber hinterlassen hat (vgl. v. a. Lehmann), sehr wertvolle Erinnerungsstücke, die seinen Geist auf einzigartige Weise vermitteln. Zur Vertiefung in die Spiritualität des Poverello ist die genaue Lektüre und Meditation dieser Schriften unerlässlich. Die Regeln, das *Testament* und einige andere Schriften sind schon genannt worden. Die *Ermahnungen* sind kurze Impulse zu wichtigen Themen geistlichen und brüderlichen Lebens, die Franziskus vermutlich bei Kapiteln der Gemeinschaft gegeben hat. Mit seinen Rundbriefen versuchte er, wichtige Anliegen unter die Brüder oder unter die Menschen zu bringen: der Einsatz für den Frieden, die würdige Feier der Eucharistie und die Demut als ein echtes Zu-sich-selber-Stehen. Die überlieferten Gebete schöpfen vor allem aus der Heiligen Schrift (z.B. *Offizium vom Leiden des Herrn, Meditation zum Vaterunser)* und entfalten Glaubensgeheimnisse meditativ (z.B. *Gruß an die selige Jungfrau Maria).*

Diese Gebete finden sich in: Lehmann, S. 20 ff.

II. Grundzüge des Lebens

Franziskus hat nicht versucht, sinnvolle Theorien für sein Leben zu entwickeln, um sie dann in einem zweiten Schritt in die Realität umzusetzen, sondern er hat direkt das umgesetzt, was er gehört und erlebt hat. Sehr eindrücklich wird das in einer Geschichte erzählt, in der der Poverello ein für die Brüder seltenes und damals sehr teures Neues Testament an eine armen Frau verschenkt, um zu leben, was in diesem Buch steht:

„Einst kam die Mutter zweier Brüder zum Heiligen und bat ihn vertrauensvoll um ein Almosen. Der heilige Vater hatte Mitleid mit ihr und sprach zu seinem Vikar, Bruder Petrus Cathanii: ‚Können wir unserer Mutter ein Almosen geben?' Die Mutter eines Bruders nannte er nämlich seine und aller Brüder Mutter. Bruder Petrus gab ihm zur Antwort: ‚Im Hause ist nichts übrig, was man ihr geben könnte. Doch', fügte er hinzu, ‚haben wir ein Neues Testament, aus dem wir, weil wir kein Brevier haben, zur Matutin Lektionen lesen.' Da forderte ihn der selige Franziskus auf: ‚Gib das Neue Testament unserer Mutter! Sie soll es verkaufen um ihrer Not willen; denn eben dieses Buch mahnt uns, den Armen zu Hilfe zu kommen! Ich glaube, daß es Gott mehr gefallen wird, wir verschenken es, als wir lesen daraus.' Man gab also der Frau das Buch, und so wurde das erste Neue Testament, das im Orden vorhanden war, aus solch heiliger Liebe verschenkt" (2 Celano, 91).

Franziskus will tun, umsetzen, und nicht überlegen, was man denn tun sollte, wenn man denn etwas tun würde. Jeder Blick in sein Leben kann darum nicht bloß auf ein besseres geschichtliches Wissen oder auf eine Theorie des Lebens nach dem Evangelium abzielen, sondern will in die Umsetzung, ins eigene Leben hinein führen. Wer Franziskus wirklich verstehen will, muß sich darum selber auf ihn einlassen und sich von dem, wovon er fasziniert war, faszinieren lassen. Die folgenden Überlegungen sollen Hilfen dazu sein.

Begegnung mit Aussätzigen und Neuentdeckung des Evangeliums

Ein ganz zentrales Erlebnis auf seinem Lebensweg war für Franziskus die Begegnung mit Aussätzigen, mit den Randständigen der mittelalterlichen Gesellschaft. Die mittelalterliche Gesellschaft stand dem Aussatz hilflos gegenüber. Sie kannte keine Wege zur Heilung und setzte darum aus Angst vor Ansteckung die Betroffenen am Rande der Gesellschaft, oft in Leprosenheimen, aus. Franziskus war zwar von Jugend an sehr großzügig gegenüber Armen und gab ihnen oft Almosen. Nur bei den Aussätzigen mit ihren faulenden Gliedmaßen überkam ihn solcher Ekel, daß er ihnen nur von ferne Spenden zukommen ließ und jegliche direkte Begegnung mit ihnen vermied. Das hatte viel mit ihm selbst und seinem Traum von gesundem und frohem Menschsein zu tun. Die Begegnung mit Aussätzigen konfrontierte ihn denn auch mit seinen inneren Idealen und mit seinem Ekel gegenüber dem Dunklen und Schwierigen in der Gesellschaft und in sich selbst. Erst im Hindurchgehen durch diesen Ekel vermochte er zu den Menschen, zu sich selbst und zu Gott zu finden. Franziskus nennt diese Begegnung mit den Aussätzigen gegen Ende seines Weges einen der wichtigsten Schritte in seinem Leben: „Denn als ich in Sünden war, kam es mir sehr bitter vor, Aussätzige zu sehen. Und der Herr selbst hat mich unter sie geführt, und ich habe ihnen Barmherzigkeit erwiesen. Und da ich fortging von ihnen, wurde mir das, was mir bitter vorkam, in Süßigkeit der Seele und des Leibes verwandelt" (Testament, 1–3).

Aussatz, heute Lepra genannt, kam im Mittelalter in verschiedenen Formen vor. Er befällt meist das Gesicht (Flecken), Nacken und Glieder, führt zu Verstümmelungen und Erblindung. Seit dem 7. Jh. entstanden außerhalb der Städte Westeuropas Leprosorien, abgelegene Wohnstädte von Aussätzigen.

„Bitteres wird in Süßes verwandelt“

Diese Selbstdeutung der Begegnung mit den Aussätzigen ist sehr wichtig, da sie uns auf zentrale Punkte in der Sichtweise des Franziskus hinweist. Wichtig ist die Aussage des Franziskus, daß der Herr selbst ihn unter die Aussätzigen geführt habe. Es war also nicht der Eigenwille des Franziskus, der ihn die Grenzen des Ekels und der Bitterkeit überwinden ließ, sondern die Führung Gottes, die Franziskus in der Begegnung mit den Aussätzigen gespürt hat. Darin liegt denn auch immer wieder die Kernaussage in der Liebe des Franziskus zu den Armen und zur Armut: In der Begegnung mit den Armen ist Jesus Christus selber verborgen gegenwärtig. Das hat Franziskus erfahren als er den Armen Gutes tat, ihnen „Barmherzigkeit erwies“. In diesen Momenten geschah im Leben des Franziskus immer neu eine tiefe Verwandlung: was ihm bitter erschien, wird plötzlich süß. Er stößt damit durch die bittere Oberfläche in den süßen Kern vor und erlebt so eine Umwertung der Werte in seinem Leben. Dadurch kommt er von der bloßen Oberfläche weg in eine neue Tiefe hinein. Sein ganzes Menschsein wird da hineingenommen, denn er erlebt eine Süßigkeit „der Seele und des Leibes“. Das ist ein weiterer Grundzug im Leben des Franziskus, daß sein Leib immer mehr hineingenommen wird in die Wirklichkeit der Welt (hier sind es die Aussätzigen) und in die Wirklichkeit Gottes. Er selber hat eher die Tendenz, in geistigen Höhenflügen den eigenen Leib beiseite zu lassen und zu übersehen. Seine tiefsten Erlebnisse aber führen ihn gerade in seinen Leib zurück, lassen ihn sozusagen „ganz Fleisch werden“. Den Höhepunkt davon werden wir in seiner Stigmatisierung noch genauer betrachten.

Noch ein anderer Punkt ist interessant: Franziskus schreibt, daß ihm dann Bitteres in Süßes verwandelt wurde, als er vom Aussätzigen fortging. Erst im Nachhinein erkennt er die tiefere Bedeutung der Begegnung mit den Aussätzigen, und erst dann geschieht in ihm die Verwandlung. Dieses Innehalten und Wirkenlassen, bevor etwas geschieht oder Franziskus etwas tut, ist übrigens ein Grundzug seiner Spiritualität. Das Wirken

Gottes wird da bestätigt und sicher, wo ich noch einen Moment innehalten kann, um sicher zu gehen, daß jetzt wirklich Gott etwas bewirkt und ich nicht nur meinen eigenen Vorteil suche. Geduld ist ein Zeichen des Wirkens Gottes, denn Gott selber ist nach Franziskus geduldig, ein „demütiger und geduldiger Gott". So schreibt denn Franziskus auch gleich im Anschluß an die oben zitierten Verse des Testamentes: „Und danach hielt ich eine Weile inne und verließ die Welt" (Testament, 3). Er kann innehalten, prüfen, den an ihn ergangenen Ruf verkosten und dann die nötigen Schritte tun. Im Lebenstil wurde daraus der Franziskus eigene Wechsel zwischen dem Leben in Arbeit und Verkündigung mitten unter den Menschen und dem Leben der Meditation, des Gebetes und der Einsamkeit in einer Einsiedelei des Ordens. Aus der kontemplativen, geduldigen Begegnung mit sich selber und mit Gott erwuchs Franziskus die Kraft für das Tun, für seinen Einsatz im Dienste an den Menschen. Das ist die Mischung zwischen aktiver und kontemplativer Lebensweise, die Franziskus in seinem Leben immer neu gepflegt hat.

JOHANNES-BAPTIST FREYER, *Der demütige und geduldige Gott. Franziskus und sein Gottesbild – ein Vergleich mit der Tradition,* 1991.

Sich vom Armen beschenken lassen

Genug des Nachdenkens. Hören wir die Erzählung aus der *Dreigefährtenlegende,* die das Grunderlebnis mit den Aussätzigen schildert: Franziskus begegnete „eines Tages, als er nahe bei Assisi einen Ritt unternahm, einem Aussätzigen. Und während er sonst gewohnt war, vor Aussätzigen großen Abscheu zu haben, tat er sich jetzt Gewalt an, stieg vom Pferd, reichte dem Aussätzigen ein Geldstück und küßte ihm die Hand. Dann empfing er von ihm den Friedenskuß, stieg wieder zu Pferd und setzte seinen Ritt fort" (Dreigefährtenlegende, 11). Einzigartig unter den Franziskuslegenden formuliert dieser Bericht das Geschenk, das Franziskus in diesem Moment erhalten hat, als Friedenskuß.

Dreigefährtenlegende: 1246 verfaßt, bietet diese Lebensbeschreibung des hl. Franz die Erinnerungen seiner frühen Gefährten Leo, Rufin und Angelus an den Poverello und die Anfänge des Minderbrüderordens.

Franziskus gibt dem Aussätzigen zwar ein Almosen und küßt ihm die Hand, aber er gibt ihm keinen Friedenskuß, weil nicht er es ist, der ihm den Frieden gibt, sondern weil Franziskus vom Aussätzigen Frieden empfangen hat. Obwohl Franziskus seinen Ekel überwinden muß und er dem Aussätzigen Zuwendung und Geld schenkt, empfängt er das eigentliche Geschenk vom Aussätzigen, nämlich den Frieden für sein Inneres, die Wandlung der Bitterkeit seines Herzens in süße, angenehme Offenheit. Wenn Franziskus künftig auf Arme zugeht, geht er nicht zuerst zu ihnen, um ihnen zu helfen oder ihnen Gutes zu tun, sondern um von ihnen beschenkt zu werden und Frieden zu empfangen. Nicht Franziskus ist Wohltäter der Armen, sondern er wird von ihnen beschenkt. Darum erweitert Bonaventura in seiner Großen Franziskuslegende (Legenda Maior, 1,5) die Szene damit, daß Franziskus wegreitet, sich nochmals umdreht und keinen Aussätzigen auf der flachen, übersichtlichen Ebene mehr sieht. Im Aussätzigen begegnet Jesus selber Franziskus, denn Jesus ist für die Menschen in der Welt arm geworden, wie ein Aussätziger. Am Kreuz galt er den Menschen als Aussätziger *(Christus leprosus),* als in sicherer Entfernung außerhalb der Stadt hingerichteter Verbrecher. Dies wird gerade in franziskanischen Schriften immer wieder betont (z. B. Legenda Maior, 1,6). Doch gerade im Ertragen des bitteren Aussatzes des Kreuzes schenkte Jesus den Menschen den süßen Frieden der Erlösung in seiner Auferstehung. Um diese Wandlung vom Kreuzestod zur Auferstehung darzustellen, sprechen altkirchliche Texte denn auch vom „süßen Holz des Kreuzes", das die Bitterkeit des Todes und der Sünde überwindet. Der Weg, den Franziskus in der Begegnung mit dem armen Aussätzigen macht, ist darum der gleiche Weg, den Christus durch die Kreuzigung hin zur Auferstehung gegangen ist, ein Weg der Wandlung vom Tod zum Leben.

Christus leprosus (der aussätzige Christus): Mit diesem Ausdruck im Anschluß an die Gottesknechtlieder (Jes 53) wird im Mittelalter gerne der Gekreuzigte bezeichnet.

Im Evangelium von Gott angesprochen werden

Ein weiterer zentraler Punkt, der die Begegnung mit den Armen als Gottesbegegnung für Franziskus notwendig ergänzt, ist das Evangelium Jesu Christi, das er in seinen Schriften immer und immer wieder betont, unermüdlich zitiert und für die Menschen fruchtbar macht. Als Überschrift über seine Ordensregel setzt er denn auch die Worte: „Regel und Leben der Minderen Brüder ist dieses: nämlich unseres Herrn Jesu Christi heiliges Evangelium zu beobachten ..." (Bullierte Regel, 1,1). Wenn auch die Armutsbewegungen des Mittelalters allgemein das Evangelium sehr hoch schätzen und versuchen, es wieder als geistliche Nahrung in die Hände der Menschen zu legen, gelingt das Franziskus und der franziskanischen Bewegung am breitesten. Für Franziskus ist das Evangelium sozusagen das Echo der Worte Jesu, der selber das fleischgewordene Wort Gottes ist. Seine Ehrfurcht vor dem Wort Gottes ist Ehrfurcht vor dem in Jesus fleischgewordenen Wort des Vaters im Himmel. Im Wort der Bibel begegnet Franziskus dem Wort Gottes, sozusagen dem Liebesgeflüster zwischen Vater, Sohn und Heiligem Geist. Noch mehr: Er selber wird in diese Liebeserklärung des Vaters an den Sohn und den Geist und des dreieinen Gottes an die Menschheit hineingenommen. Das Wort, das in Jesus Fleisch geworden ist, will nach Franziskus im Hörer des Wortes Gottes wieder Fleisch werden. Was von Gott aus Liebe gesagt wurde, soll im Fleisch des Menschen wieder zu Liebe werden. Darum behandelt Franziskus das geschriebene Wort Gottes ähnlich liebevoll wie den Leib der Aussätzigen und Armen, die er küßt, und wie den eucharistischen Leib des Herrn, der Jesus, das fleischgewordene Wort Gottes durch das Wort des Priesters gegenwärtig setzt, um Leib und Seele des Menschen in das Heil Gottes hineinzunehmen. Aus diesem Grunde mahnt Franziskus in seinem *Brief an die Kleriker*

Die **Bullierte Regel** (= Kurztitel) findet sich in: Lehmann S. 199 ff. Dazu JAVIER GARRIDO, *Die Lebensregel des Franz von Assisi. Inspiration für heute,* 2001.

Vgl. die Aussage des Zweiten Vatikanischen Konzils zu Wort Gottes und Eucharistie: „Die Kirche hat die Heiligen Schriften immer verehrt wie den Herren-leib selbst ..." *Dei Verbum,* 21, in: *Kleines Konzilskompendium,* hrsg. v. Karl Rahner u. Herbert Vorgrimler, 17. Aufl. 1984, S. 379.

der Kirche nicht nur einen sorgfältigen Umgang mit den eucharistischen Gestalten von Brot und Wein an, sondern einen ebenso sorgfältigen Umgang mit seinen „geschriebenen Namen und Worten“ (Klerikerbrief, 6). Auch im Brief an den Orden (Ordensbrief, 35) und in seinem Testament (Testament, 12) fordert er eine ehrfurchtsvolle Behandlung der Worte Gottes ein. Diese Rückkehr zur zentralen Stellung des Evangeliums und des Wortes Gottes im Leben der Brüder und der Gläubigen führt die Kirche, die sich in der damaligen Zeit oft genug mehr um äußeren Schein als um inneres Sein kümmerte, zurück zum Evangelium als der Leitschnur christlichen Lebens. Das, was die Reformation später gefordert und gelebt hat, die Christen wieder zur Heiligen Schrift als zentralem Bezugspunkt zurückzuführen, wurde von Franziskus und seiner Erneuerungsbewegung früher schon versucht, ohne allerdings zu einer Kirchenspaltung zu führen. Auch bei allen weiteren Themen ist diese Zentralstellung des Evangeliums und der ganzen Heiligen Schrift bei Franziskus immer zu berücksichtigen.

In der Nachfolge des armen Jesus die Demut Gottes in der Eucharistie nachahmen

Bei der Durchsicht der Schriften des Franziskus taucht verblüffenderweise ein Thema immer wieder und viel häufiger als alle anderen auf. Es ist nicht die Freude an der Natur, die Liebe zu den Armen oder eine Ermutigung zur Sorglosigkeit, wie wir das vielleicht erwarten würden. Mehr als über alles andere spricht Franziskus in seinen eigenen Schriften über die *Eucharistie*. Besonders in seinen Briefen. Natürlich hat das seinen Grund auch darin, daß er in einigen Briefen Ermutigungen und Ermahnungen an verschiedene Personenkreise richtet und so das gleiche Anliegen der Ehrfurcht gegenüber der Eucharistie mehrmals erwähnt wird. Vor allem gegen Ende seines Lebens scheint die Wertschätzung der Eucharistie bei Franziskus immer stärker geworden zu sein, so daß er bei jeder Gelegenheit von ihr schreibt. Daß er an die *Kustoden* (Obere der Ordensprovinzen der Minderbrüder), an die Kleriker und an den ganzen Orden Briefe schreibt, um die Verehrung der Eucharistie zu fördern und die saubere, ehrfürchtige und sichere Aufbewahrung des Leibes Christi – gemäß den neuen Anordnungen der Kirche, den Bestimmungen des 4. Laterankonzils und den in der gleichen Linie liegenden Anordnungen im Schreiben *Sane cum olim* des Papstes Honorius III. (1220), die Franziskus vor allem in der zweiten Fassung des *Briefes an die Kleriker* übernimmt – anmahnt, mag ja selbstverständlich sein. Doch selbst an die Fürsten und Politiker in aller Welt schreibt er wohl noch im Jahre 1220: „Daher rate ich euch, meinen Herren, eindringlich, alles Sorgen und geschäftige Treiben zurückzustellen und den heiligsten Leib und das heiligste Blut unseres Herrn Jesus Christus bei seinem heiligen Gedächtnis liebevoll zu empfangen“ (Lenkerbrief, 6). Auch

***Eucharistie / Messe / Abendmahl*:** Erinnerung an das letzte Abendmahl Jesu mit seinen Jüngern und Teilnahme am Erlösungsgeheimnis Jesu Christi (Menschwerdung, Kreuz und Auferstehung) in Brot und Wein, in denen Leib und Blut Christi als Nahrung des Glaubens geschenkt werden.

für die Politiker ist nach Franziskus die Begegnung mit Jesus Christus wichtiger als das tägliche Gehetze, ihre verantwortungsvollen Verpflichtungen und die Alltagsgeschäfte. Doch warum betont er die Eucharistie so stark und mit ihr auch die Aufgabe, den Dienst und die Würde der Priester, die in der damaligen Zeit oft genug schlecht ausgebildet und religiös lau waren?

Gottes Ohnmacht und Demut

Franziskus lag der Gedanke: „Wer die Vollmacht hat, Eucharistie zu feiern, hat dann auch die Macht in der Kirche inne", fern. Franziskus spricht im Zusammenhang mit der Eucharistie nicht von menschlicher Macht, sondern von der Ohnmacht und der Demut Gottes. Nirgends ist der menschgewordene Gott dem Menschen leibhaft näher, als bei der Feier der Messe, bei der Kommunion. Der Poverello macht dabei sehr gewagte Aussagen: „Nichts haben und sehen wir nämlich leiblich in dieser Welt von ihm, dem Allerhöchsten selbst, als den Leib und das Blut, die Namen und Worte, durch die wir geschaffen und „vom Tode zum Leben" (1 Joh 3,14) erlöst sind. (Klerikerbrief, 3) „Und wir alle sollen fest wissen, daß niemand gerettet werden kann außer durch die heiligen Worte und das Blut unseres Herrn Jesus Christus, welche die Kleriker sprechen, verkünden und darreichen" (2. Gläubigenbrief, 34). Das bedeutet nicht, daß Gott in der Welt nicht anders gegenwärtig wäre als einzig in der Eucharistie. Franziskus hat den Herrn selber im Aussätzigen und in der Geschwisterlichkeit der Schöpfung erlebt. Doch nirgends ist der Leib des fleischgewordenen Sohnes Gottes so greifbar gegenwärtig wie im Leib Christi, im Brot der Eucharistie. Da wird die Erlösung mit Händen greifbar und der Mensch wird von der Hand Gottes ergriffen. Der eucharistische Leib Christi wird für Franziskus so zum Brennpunkt des menschlich-christlichen Lebens. In der leibhaften Begegnung mit Jesus findet das Leben seinen Ausgangspunkt und Zielpunkt, wird der Leib des Franziskus durch die Berührung mit dem Leib Christi verwandelt und

Erster und Zweiter Brief an die Gläubigen, in: Lehmann, S. 158 ff., 163 ff., (Kurztitel = **1.** u. **2. Gläubigenbrief**).

wird selber zum Leib Christi mitten in dieser Zeit. Nirgends wird das deutlicher als in der Stigmatisierung, in der Franziskus ein leibhaftiges Abbild des Leibes Christi wird, und so die Kommunion, die Gemeinschaft mit dem Herrn ihre Vollendung findet.

Entäußerung in die Armut hinein

Gerade in der Betrachtung der Eucharistie wird Franziskus nochmals deutlich, wer Jesus Christus ist. Nicht Gold und Kirchenpracht sind der Ort der Gegenwart Jesu, sondern die schlichten Elemente von Brot und Wein. Die ganze Bewegung der *Entäußerung* des Sohnes Gottes, die arme Geburt im Viehstall von Bethlehem, die Armut des Wanderpredigers und die Hingabe im Verbrechertod am Kreuz werden in den Gaben von Brot und Wein sichtbar und berührbar. Schließlich erlebt der Gläubige die Hingabe Gottes an ihn handfest, indem der Leib Christi sich von ihm verzehren läßt. In dieser unfaßbaren Herablassung Gottes liegt für Franziskus das tiefste Geheimnis der Eucharistie, das ihn schließlich in einem gewagten Ausdruck von der „Demut Gottes" sprechen läßt:

Entäußerung*/ *Kenosis (griech.)/ ***condescensio*** (lat.): Die franziskanische Armutsbewegung nahm später mit Franziskus den Begriff der *Kenosis* aus der christlichen Tradition, aus dem zweiten Kapitel des Hymnus im Philipperbrief, auf und machte ihn zu einem Kernbegriff franziskanischer Spiritualität.

Der ganze Mensch erschauere,
die ganze Welt erbebe,
und der Himmel juble,
wenn auf dem Altar in der Hand des Priesters
„Christus, der Sohn des lebendigen Gottes" ist (Joh 11,27)!
O wunderbare Hoheit und staunenswerte Herablassung!
O erhabene Demut! O demütige Erhabenheit,
daß der Herr des Alls, Gott und Gottes Sohn,
sich so erniedrigt,
daß er sich zu unserem Heil
unter der anspruchslosen Gestalt des Brotes verbirgt!
Seht, Brüder, die Demut Gottes
und „schüttet vor ihm eure Herzen aus" (Ps 61,9)!

Demütigt auch ihr euch,
damit ihr von ihm erhöht werdet (vgl. 1 Petr 5,6; Jak 4,10)!
Behaltet darum nichts von euch für euch zurück,
damit euch ganz aufnehme, der sich euch ganz hingibt!"
(Ordensbrief, 26–29)

Allmacht in Ohnmacht

Nirgends wird für Franziskus deutlicher, daß Gott die Extreme, das unendlich Große und das kaum mehr faßbare Kleine, Hoheit und Demut, umfaßt und zusammenfügt als in der Eucharistie. Hoheit und Herablassung, Demut und Erhabenheit werden untrennbar miteinander verbunden. Der in Jesus ohnmächtig gewordene Gott, der auf alles verzichtet, um arm zu werden, ist der allmächtige, erhabene Gott. Doch dieses Geheimnis dient nicht dazu, daß man es von ferne bewundert, sondern es will zu sich hinführen und mitreißen. Das Leben des Franziskus in der Ganzhingabe an Gott spiegelt sich in der Eucharistie: Weil Gott sich in Jesus ganz an Franziskus hingibt, will sich dieser ganz an Gott hingeben. Weil Gott arm geworden ist, will Franziskus arm sein. In der Betrachtung der Eucharistie werden so das ganze Lebensprojekt und die Glaubenserfahrung des Franziskus und damit des Evangeliums Jesu, das er zu leben versucht, gebündelt sichtbar. Der, der Franziskus auf seinen Lebensweg geführt und gerufen hat, wird auf dem Altar sichtbar und zeigt, wie er diesen Weg zuerst selber gegangen ist und noch immer geht. „Seht doch, täglich erniedrigt er sich" (vgl. Phil 2,8), wie er einst „vom königlichen Thron herab" (Weish 18,15) in den Schoß der Jungfrau kam. Täglich kommt er selber zu uns und zeigt sich in Demut. Täglich steigt er aus dem Schoß des Vaters in den Händen des Priesters herab auf den Altar. Und wie er sich den heiligen Aposteln im wirklichen Fleische zeigte, so zeigt er sich uns auch jetzt im heiligen Brot" (Ermahnungen, 1, 16–8). Die ganze Dynamik der Menschwerdung Gottes, der Erniedrigung des Sohnes Gottes in die Welt hinein, ist in der Eucharistie gegenwärtig und reißt Franziskus mit. Wie bescheiden und unbedacht die Messe auch gefeiert werden mag – ja gerade da! –, in ihr wird die mitreißende Urdynamik der göttlichen Wirklichkeit, die sich aus Liebe zum Menschen dem Menschen entgegenneigt, gegenwärtig. Dadurch ist die Eucharistiefeier für Franziskus nicht irgendeine fromme Übung, zu der man einen Zugang haben kann oder nicht, sondern in ihr wird das ganze Geheimnis Gottes, das tiefste Geheimnis christlichen Glaubens, leiblich greifbar und ergreift selber den Menschen in all seinen Dimensionen, so daß er zu einem von Gott verzehrten Menschen wird.

Einen aktuellen und umfassenden geistlichen Zugang zur Eucharistie zeigt PAPST JOHANNES PAUL II. in der Enzyklika *Ecclesia de eucharistia* (17.4.2003: Verlautbarungen des Apostolischen Stuhls, 159).

Die Erklärung der vierten Bitte, der Brotbitte des Vaterunsers, die Franziskus in seiner Vaterunsererklärung eucharistisch auslegt, zeigt uns weitere Dimensionen seines Eucharistieverständnisses: *„Unser tägliches Brot:* deinen geliebten Sohn, unseren Herrn Jesus Christus, *gib uns heute:* zum Gedächtnis und Verständnis und zur Hochachtung der Liebe, die er zu uns gehabt hat, und dessen, was er für uns gesprochen, getan und erduldet hat" (Meditation zum Vaterunser, 6, in: Lehmann, S. 40; vgl. dazu Meister des Gebets, S. 152–156). Die Eucharistie dient der Erinnerung an das, was Jesus für uns gelebt, gesprochen, getan und erduldet hat, und führt so zu einem tieferen Verständnis der Entäußerung und Hingabe Gottes an den Menschen in Jesus Christus. So führt die Eucharistie schließlich zum göttlichen Geheimnis der Liebe, das in ihr greifbar, erfahrbar und gegenwärtig wird.

LEONHARD LEHMANN, *Franziskus – Meister des Gebets. Kommentar zu den Gebeten des heiligen Franz von Assisi,* 1989 (Kurztitel = **Meister des Gebets**).

Aus dieser Wertschätzung für die Eucharistie möchte Franziskus, daß die Feier der heiligen Messe der tägliche Mittelpunkt jeder Bruderschaft ist. In der Begegnung mit der Demut Gottes in der Eucharistie werden auch die Brüder bereit, einander in Demut anzunehmen und einander zu dienen. Darum soll sich die Gemeinschaft täglich zu einer einzigen Messe versammeln (vgl. Ordensbrief, 30), um sich von der Hingabe Gottes an jeden einzelnen Bruder zur Hingabe der Brüder aneinander und an alle Menschen hinreißen zu lassen. So wird die Bruderschaft fähig, miteinander in Armut Christus nachzufolgen und in der Hingabe aneinander und an alle Menschen die Freiheit der Kinder Gottes erleben zu dürfen. Wie Jesus lernen sie so, eher Gewalt zu erleiden, als einander oder anderen Gewalt anzutun. Der Demut Gottes nachzufolgen, ist für Franziskus demnach der einzige Weg zum Frieden in der Welt. Demut schafft Frieden, weil sie Kleinheit und Schwäche anerkennt und demütige Menschen nicht dauernd versuchen, sich über andere zu erheben.

Freiheit in Armut

Aus dem Erleben des Armwerdens Gottes in Jesus wächst in Franziskus die Sehnsucht, selber arm zu leben. Armut ist für ihn daher nicht zuerst Entsagung oder Bescheidenwerden, sondern Nachfolge Christi. „Alle Brüder sollen bestrebt sein, der Demut und Armut unseres Herrn Jesus Christus nachzufolgen" (Nicht bullierte Regel, 9,1). „Und er (Jesus) ist arm gewesen und ein Fremdling und hat von Almosen gelebt, er selbst und die selige Jungfrau und seine Jünger" (Nicht bullierte Regel, 9,5). Armut in der Nachfolge Christi ist für Franziskus zuerst die innere Haltung, dem Reichtum Gottes Vorrang vor allem anderen zu geben. Gerne sind Menschen „besessen" von materiellen Gütern und besitzen sie nicht nur. Franziskus will durch seine Armut in der Nachfolge Christi frei werden von der „Besessenheit" durch materielle Güter, um so die Gaben der Schöpfung in Freiheit genießen zu können und sie nicht besitzen zu müssen.

Leben in Armut heißt für den Poverello aber nicht, sich bedienen zu lassen und zu betteln, sondern zum Leben in Armut gehört für ihn Arbeit. Sie ist eine Gabe Gottes, ein Mitwirken mit dem Schöpfer: „Jene Brüder, denen der Herr die Gnade gegeben hat, arbeiten zu können, sollen in Treue und Hingabe arbeiten, so daß sie zwar den Müßiggang, den Feind der Seele, ausschließen, aber den Geist des heiligen Gebetes und der Hingabe nicht auslöschen, dem alle übrigen zeitlichen Dinge dienen müssen" (Bullierte Regel, 5,1–2). Arbeit ist Gnade, wie sie auch immer aussehen mag, vorausgesetzt, daß sie den Menschen nicht unterdrückt, sondern ihm entspricht. In der Arbeit kann der Mensch Gott begegnen. Allerdings darf die Arbeit nicht dem Geist des Gebetes und der Hingabe widersprechen, also nicht bloß auf Erfolg und Ansehen ausgerichtet sein, sondern soll selbst liebende Hingabe an Gott sein. Mit dem Lohn der Arbeit, der nach der *Bullierten Regel* (5,3) nicht „Münzen oder Geld" sein darf, soll der Lebensunterhalt der Brüder bestritten werden. Nur wenn es nicht anders geht und der Arbeitslohn, den die Minderbrüder nicht einfordern dürfen, nicht gegeben wird, können die Brüder betteln gehen: „Und wenn es notwendig wäre, mögen sie um Almosen gehen" (Nicht bullierte Regel, 9,3). Das enorme Wachstum des Minderbrüderordens hat dazu geführt, daß das Betteln aber schon bald zu einem üblichen Teilelement des Lebensunterhaltes der Franziskaner geworden ist. Daraus entstand die Bezeichnung *Bettelorden (Mendikanten).* Für Franziskus selber blieb das Betteln aber nur die äußerste Konsequenz einer ungesicherten, armen Lebensweise.

Neben der grundlegenden inneren Haltung der Armut versteht Franziskus Armut auch ganz materiell. Sehr streng verbietet er mitten in der im Mittelalter wieder neu aufkommenden Geldwirtschaft grundsätzlich, daß die Brüder Geld annehmen. Die Bullierte Regel verbietet in Verschärfung der *Nicht bullierten Regel,* Kapitel 8, die die Geldannahme „wegen der offenkundigen Notlage kranker Brüder" (8,3) oder bei einer „offenkundigen Not von Aussätzigen" (8,10) erlaubt, in einem eigenen Kapitel jeglichen direkten oder indirekten Geldbesitz:

„Ich gebiete allen Brüdern streng, auf keine Weise Münzen oder Geld anzunehmen, weder selbst noch durch eine Mittelsperson. Doch für die Bedürfnisse der Kranken und die Bekleidung der anderen Brüder sollen einzig die Minister und Kustoden mit Hilfe geistlicher Freunde gewissenhaft Sorge tragen nach Maßgabe der Orte und Zeiten und kalten Gegenden, wie sie sehen werden, daß es der Not abhelfe; immer aber mit dem Vorbehalt, daß sie, wie gesagt, nicht Münzen oder Geld annehmen" (Bullierte Regel, 4,1–3).

Franziskus reagiert gegenüber dem Geld überstreng und empfindet einen geradezu leiblichen Ekel vor ihm. Der göttlichen Bewegung des Loslassens und Armwerdens steht die geradezu teuflische Bewegung des Zusammenraffens und Aufhäufens von Geld entgegen. Während die Eucharistie für den Poverello das Sakrament der Armut und Demut Gottes ist, ist für ihn das Geld sozusagen das teuflische Gegensakrament des Hochmutes und der Gier, das er mit der gleichen Hartnäckigkeit ablehnt, wie er die Eucharistie verehrt. So berichtet Thomas von Celano:

Franziskus „hatte von Beginn seiner Bekehrung an eine besondere Verachtung gegen das Geld und er schärfte denen, die ihm nachfolgen wollten, immer wieder ein, sie sollten es fliehen wie den leibhaftigen Teufel. Den klugen Rat gab er den Seinen, Kot und Geld mit ein und demselben Gewicht der Wertschätzung zu wiegen. – Eines Tages betrat ein Mann aus der Welt die Kirche S. Maria von Portiunkula, um zu beten. Er legte ein Geldopfer neben dem Kreuze nieder. Als er forgegangen war, nahm es ein Bruder einfach in die Hand und warf es in eine Fensternische. Was der Bruder getan, kam dem Heiligen zu Ohren. Wie jener sich ertappt sah, eilte er, um Verzeihung zu erbitten, und bot sich, auf den Boden hingestreckt, der Züchtigung dar. Der Heilige wies in zurecht und fuhr ihn hart an, weil er das Geld berührt hatte. Er gebot ihm, mit seinem eigenen Munde das Geld vom Fenstersims aufzuheben und es außerhalb der Einfriedung der Niederlassung mit seinem Munde auf Eselmist niederzulegen. Während jener Bruder willig den Befehl erfüllte, befiel Furcht alle, die es hörten. Alle verachteten in Zukunft das Geld noch mehr, das so dem Mist gleichgesetzt wurde, und von Tag zu Tag wurden sie durch neue Beispiele zur Verachtung desselben angeregt“ (2 Celano, 65).

Eine weitere Geschichte führt die Haltung des Franziskus noch drastischer vor Augen:

„Einmal zieht der Mann Gottes mit seinem Gefährten durch Apulien. In der Nähe der Stadt Bari findet er auf dem Wege eine große, geldbespickte Börse, die in der Kaufmannssprache

Geldkatze heißt. Der Gefährte fordert den Heiligen auf und dringt beharrlich in ihn, er möge die Börse vom Boden aufheben und das Geld unter die Armen verteilen. Er ruft besonders seine Liebe gegen die Dürftigen an und beruft sich auf seine Mildtätigkeit, die er beim Verschenken des Geldes üben könne. Entschieden weigert sich der Heilige, das zu tun, und versichert, das sei nur eine List des Teufels. ‚Es ist nicht erlaubt, mein Sohn', spricht er, ‚fremdes Gut wegzunehmen. Ein strafwürdiges Verbrechen, nicht ruhmvolles Verdienst ist es, wenn man fremdes Gut verschenkt.' Sie verlassen den Ort und eilen, um ans Ziel ihrer Reise zu gelangen. Doch der Bruder, von falscher Liebe betört, findet keine Ruhe. Er hört noch immer nicht auf, Franziskus zur Übertretung zu verleiten. Da läßt sich der Heilige herbei, an den Ort zurückzukehren, nicht um den Wunsch des Bruders zu erfüllen, sondern um dem Toren das göttliche Geheimnis zu zeigen. Er ruft einen jungen Mann herbei, der auf einem Brunnenrand am Weg sitzt, damit das Geheimnis der Dreifaltigkeit im Munde von zwei oder drei Zeugen offenbar werde. Als die drei wieder zur Geldkatze zurückkommen, sehen sie dieselbe noch prall von Geldmünzen. Der Heilige läßt keinen der beiden an sie herantreten. Die Kraft des Gebetes sollte nämlich die Betrügerei des Satans ans Licht bringen. Er entfernt sich etwa einen Steinwurf weit von der Stelle und versenkt sich in heiliges Gebet. Er kehrt zurück vom Gebete und befiehlt dem Bruder, die Börse aufzuheben, die Kraft seines Gebetes statt Geld eine Schlange enthält. Der Bruder zittert und stutzt; ich weiß nicht, ob er schon etwas im voraus ahnte; es ist ihm ganz eigentümlich zumute. Schließlich macht er, aus Furcht, den heiligen Gehorsam zu verletzen, seinem Schwanken ein Ende und nimmt die Börse in die Hände. Und siehe da, eine Schlange von beträchtlicher Größe springt aus der Geldbörse und beweist dem Bruder den teuflischen Trug. Da spricht der Heilige zu ihm: ‚Bruder, das Geld ist für die Diener Gottes nichts anderes als der Teufel und eine giftige Schlange'" (2 Celano, 68).

Der Kaufmannssohn Franziskus muß oft erlebt haben, wie Geld Menschen korrumpiert. Vermutlich hat auch er selber diese Versuchung kennengelernt. Gerade die gutgemeinten Verwendungszwecke – „den Armen Geld zu spenden“ – können gefährlich sein, da sie die eigene, oft gierige Absicht tarnen können. Der völlige Verzicht auf Geld hilft Franziskus, nicht der Logik des Besitzdenkens zu verfallen. Einer Kultur wie der unsrigen, die den Sachzwängen der wirtschaftlichen Globalisierung fast völlig zu verfallen droht und unserer Ortskirche, die über viel Geld verfügt, ist der Poverello eine fast unfaßbare Provokation. Und genau das will er in der Geldfrage sein. Lassen wir uns von seiner Freiheit provozieren!

Wie wir gesehen haben, hat die Armut, die einer der drei evangelischen Räte ist, eine materielle Grundlage, führt aber weit über diese hinaus in die Tiefe der menschlichen Persönlichkeit hinein. Nachfolge Christi bedeutet, sein Leben ganz aus den eigenen Händen heraus loszulassen und dem Vater im Himmel hinzugeben. Dadurch werden Egoismus und Hochmut an der Wurzel erschüttert, der Mensch beginnt vom dauernden Drehen um sich selber Abstand zu nehmen und wird frei, sich Gott zuzuwenden. Dabei gilt es nach Franziskus aber hinter der Oberfläche die tieferen Verdrehungen wahrzunehmen und sie aufzubrechen:

„‚Selig die Armen im Geiste, denn ihrer ist das Himmelreich‘ (Mt 5,3).

Viele gibt es, die in Gebeten und Gottesdiensten eifrig sind und ihrem Leib viele Entsagungen und Abtötungen auferlegen, die aber an einem einzigen Wort, das ihrem ‚lieben Ich‘ Unrecht zu tun scheint, oder wegen einer Kleinigkeit, die man ihnen wegnimmt, Anstoß nehmen und darüber sofort in Aufregung geraten. Diese sind nicht arm im Geiste; denn wer wirklich arm im Geiste ist, haßt sich selbst (vgl. Lk 14,26; Joh 12,25) und liebt jene, die ihn auf die Wange schlagen (vgl. Mt 5,39)“ (Ermahnungen, 14).

Hinter der Sucht nach Besitz und Reichtum steht letztlich eine tiefe Selbstbezogenheit des Menschen, die ihm seine eigene tiefste Sehnsucht nach Gottes Liebe verstellt. Selbst gläubige, fromme Menschen drohen, sich in ihrem religiösen Tun nur um sich selber zu drehen und sind oft nicht fähig, sich auf Gott hin loszulassen. Franziskus kennt das von seinen eigenen Kämpfen um seine Lebensform und um den Orden her. Armut aber schenkt Ruhe und tiefe innere Freude:

Wo Geduld ist und Demut,
da ist nicht Zorn noch Verwirrung.
Wo Armut ist mit Fröhlichkeit,
da ist nicht Habsucht noch Geiz.
(Ermahnungen, 27,2–3)

„Bruder Esel“ und der Lobpreis der Schöpfung

Ein besonderes Problem muß noch angesprochen werden, das auch unserer heutigen Zeit keineswegs fremd ist. Franziskus hatte im Verlaufe seines Lebens immer wieder große Probleme in der Annahme seines Leibes, besonders auch seiner eigenen Sexualität, das heißt auch in seiner Selbstannahme. Seine Zeit kannte große Lebensfreude, aber auch – im religiösen Bereich – harte Bußübungen. Beides wurde im Leib gelebt. Es war damals üblich, daß sich fromme und eifrige Menschen als Bußübung selber geißelten (lat. *disciplina)* und unter ihren Kleider ein *Zilizium,* das ist ein rauhes Tuchstück, trugen, um Buße zu tun. Dazu kam oftmals ein hartes Fasten, das in einer Zeit der auch sonst einseitigen Ernährung wegen der weit verbreiteten Armut oft genug zu Unterernährung führen konnte. Franziskus pflegte solche Formen der *Askese* häufig und auf eine sehr konsequente Weise. Das war sicherlich mit ein Grund, wieso er gegen Ende seines Lebens von so vielen Krankheiten geplagt wurde.

Askese: das Finden des richtigen Maßes von Genuß und Verzicht im menschlichen Leben durch die Ausrichtung des ganzen Lebens auf Gott hin. Heute wird der Ausdruck allerdings meistens negativ verstanden.

Auf der anderen Seite kennt man Franziskus als einen großen Freund der ganzen Schöpfung. Bekannt sind die vielen Erzählungen, die seine engen Beziehungen mit Tieren darstellen. Er war ein Freund der Vögel, etwa des Bruder Falken, der ihn auf dem Berg La Verna nachts zum Gebet weckte (Fioretti, 2. Betrachtung, 72f.) und sich zutraulich zu ihm hinsetzte, der Bienen, der Grillen, der Hasen, der Lämmer. Er nahm Würmer von der Straße auf, damit sie nicht zertreten würden, und setzte sich dafür ein, daß die Brüder in ihren Gärten nicht nur Gemüse anpflanzten, sondern auch Blumen. In jedem Teil der Schöpfung konnte er die Gegenwart des Schöpfers erkennen und preisen. Am berühmtesten wurde sein Sonnengesang, in dem er die Geschöpfe, Sonne, Mond, Sterne, Wind, Luft, Wolken, Wasser, Feuer, Blumen, Kräuter und schließlich den Menschen zum Lobe Gottes aufruft. Für viele verkörpert Franziskus bis heute die Freude an der Natur, an der Schöpfung schlechthin.

Lebensfreude und Bedrückung

Wie aber lassen sich seine große Mühe mit dem eigenen Leib und seine unbändige Freude an der Schöpfung vereinbaren? Wir kommen in dieser Spannung zu einem Kernpunkt der Persönlichkeit des Poverellos, der letztlich konkretisiert, was für Franziskus ein Leben in Armut, ein Leben in der Nachfolge des arm- und schwachgewordenen Herrn Jesus Christus bedeutet. Es ist die Gebrochenheit des Franziskus. Tastet man sich durch die verschiedenen Schichten der Franziskuslegenden hindurch, entdeckt man nicht nur einen großartigen Heiligen, der der Welt mehr Frieden und der Kirche Erneuerung aus dem Evangelium gebracht hat, sondern entdeckt auch einen unglaublich schwachen Menschen, der an sich selber leidet und der immer wieder an seine Grenzen stößt. Erst *diese beiden* scheinbar unvereinbaren Elemente im Leben des Poverello machen *in ihrer Zusammengehörigkeit* die wirkliche Größe des Franziskus aus. „Zerbrechlichkeit" *(fragilitas)* ist ein Ausdruck, der in den Schriften des Franziskus immer wieder vorkommt. Sie gehört zu den Grunderfahrungen des Franziskus – mitten in seinen Krankheiten, seiner oft belasteten Seelenverfassung und seinen Grenzen, die Leitung einer großen Bewegung wahrzunehmen. Doch die Zerbrechlichkeit ist auch seine religiöse, christliche Grunderfahrung: „Dieses Wort des Vaters, so würdig, so heilig, und herrlich, hat der allerhöchste Vater vom Himmel durch seinen heiligen Engel Gabriel in den Schoß der heiligen und glorreichen Jungfrau Maria gesandt. Aus ihrem (Mariens) Schoß hat er (Jesus) das wirkliche Fleisch unserer Menschlichkeit und Gebrechlichkeit angenommen"

Ein in der Geschichte bis heute immer wieder auftauchende *Dualismus zwischen Seele und Leib,* wichtigem geistigen Prinzip und bedauerlichem fleischlichen Prinzip, wie es damals etwa die Katharer vertraten, hat die Sicht des Franziskus zweifellos belastend beeinflußt.

(2. Gläubigenbrief, 4). In Jesus Christus hat der unendliche Gott die Begrenztheit und Schwäche des Menschen angenommen und so in seiner Person die Spannungen und Widersprüche vereint. Der in Jesus menschgewordene Gott hat die Spannungen nicht aufgehoben, sondern sie in sich selbst in Spannung zusammengeführt. Darum wagt Franziskus es im Verlaufe der Zeit immer tiefer, seine inneren Abgründe mit der Freude an der Schöpfung Gottes zusammenzubringen und so die Heilung, die Christus in seiner Entäußerung der Welt geschenkt hat, in sich selber zu erfahren. Nur wer sich von einem gütigen Gott angenommen weiß, kann es wagen, seine Abgründe anzuschauen und seine Zerbrechlichkeit auszuhalten.

Geschwisterlichkeit

Die Brücke zwischen Leibfeindlichkeit und Schöpfungsfreude, die Franziskus im Verlaufe der Zeit zu bauen vermag und die auch seinen eigenen Leib in die Schöpfungssicht hineinnimmt, liegt vielleicht im Ausdruck „Bruder Esel". Die *Geschwisterlichkeit* unter allen Menschen, aber auch unter allen Geschöpfen muß für Franziskus ein Grunderlebnis gewesen sein. Er nennt seine Gefährten von Anfang an „Brüder", und zwar „Mindere Brüder" (Nicht bullierte Regel, 6,3) und die Gemeinschaft „Bruderschaft", um zu zeigen, daß niemand anders als der Vater im Himmel ihr Vater ist und sie untereinander Brüder sind, das heißt auf gleicher Stufe sind und in einer engen, quasi verwandtschaftlichen Beziehung stehen. Diese Sichtweise weitet er im Verlaufe der Zeit immer mehr aus und spricht auch die Tiere und alle Elemente der Schöpfung als Brüder und Schwestern an. Ihren poetischen Höhepunkt findet diese Sichtweise im *Sonnengesang* (gerne gesungen als „Laudato si"), in dem Bruder Sonne und Schwester Mond als Geschwister des Menschen und Kinder des einen Vaters im Himmel gelobt werden:

Weil alle Wesen Geschöpfe des einen Vaters im Himmel sind, nennt sie Franziskus gerne seine Brüder und Schwestern. Diese Ausdrücke zeigen seine Nähe zu allen Menschen und Geschöpfen, die nicht ein Von-oben-Herabschauen ist, sondern ein tiefes Verbundensein auf der gleichen, geschwisterlichen Ebene.

Höchster, allmächtiger, guter Herr,
dein sind der Lobpreis, die Herrlichkeit und Ehre und jeglicher Segen.
Dir allein, Höchster, gebühren sie,
und kein Menschen ist würdig, dich zu nennen.

Gelobt seist du, mein Herr,
mit allen deinen Geschöpfen,
zumal dem Herrn Bruder Sonne;
er ist der Tag, und du spendest uns das Licht durch ihn.
Und schön ist er und strahlend in großem Glanz,
dein Sinnbild, o Höchster.

Gelobt seist du, mein Herr,
durch Schwester Mond und die Sterne;
am Himmel hast du sie gebildet,
hell leuchtend und kostbar und schön.

Gelobt seist du, mein Herr,
durch Bruder Wind und durch Luft und Wolken
und heiteres und jegliches Wetter,
durch das du deinen Geschöpfen Unterhalt gibst.

Gelobt seist du, mein Herr,
durch Schwester Wasser,
gar nützlich ist es und demütig und kostbar und keusch.

Gelobt seist du, mein Herr,
durch Bruder Feuer,
durch das du die Nacht erleuchtest;
und schön ist es und liebenswürdig und kraftvoll und stark.

Gelobt seist du, mein Herr,
durch unsere Schwester, Mutter Erde,
die uns ernährt und lenkt
und vielfältige Früchte hervorbringt
und bunte Blumen und Kräuter.

Sonnengesang, 1–7, in: Lehmann, S. 52 f., dazu Meister des Gebets, S. 238–274; NIKLAUS KUSTER, *Franz von Assisi*, 2002, S. 101–107,130.

Daß Franziskus trotz seiner geschwisterlichen Nähe zu allen Geschöpfen, wie sie der Sonnengesang bezeugt, seinen Leib gelegentlich als „Esel“ bezeichnet, weist auf eine eigenartige Distanziertheit zu ihm hin, als ob sein Leib gar nicht wirklich zu ihm gehören würde. Das läßt eine innere Gebrochenheit erahnen, wie sie damals und heute bei Menschen nicht selten vorkommt: Mein Leib ist nicht eigentlich ich selbst. Auch ist mein Leib nicht wirklich gut. Er müßte gesünder, hübscher, kräftiger, jugendlicher und sportlicher sein ... Doch die Bezeichnung dieses Esels als „Bruder“ überbrückt die Distanz wieder, rückt den Leib wieder ganz in die Nähe des Franziskus und macht ihn zu einem vom Vater im Himmel geliebten Kind. Daß der Esel-Leib „Bruder“ ist, versöhnt mit ihm: Er ist mir ganz nahe, wenn er mir oft auch fremd ist.

Versöhnung mit der ganzen Schöpfung

An dieser Stelle beginnt man die wirkliche Größe des Povellos zu erahnen. Sie besteht nicht darin, daß da ein Menschen in seinem Leben Großartiges geleistet hätte oder ohne größere Erschütterungen die Probleme und Nöte seines Lebens bestanden hätte. Die Größe des Franziskus besteht darin, daß er es gewagt hat, seine Armut und Schwachheit anzuschauen, anzunehmen und als den eigentlichen Ort des Wirkens Gottes in seinem Leben zu entdecken. Seine Gebrochenheit hat ihm geholfen, wirklich alles in Beziehung zu Gott zu bringen, um so in seinem Leben Gott zu alles in allem werden zu lassen. Der Ausdruck „Bruder Esel“ stellt das auf lustige Art und Weise dar. Andere Bezeichungen mögen noch mehr verblüffen, etwa die „Schwestern Schmerzen“: „Es ist unbegreiflich, daß ihm, dem ganz und gar von Martern Erschöpften, die Kräfte zum geduldigen Ertragen ausreichten. Diese seine Leiden aber nannte er nicht Peinen, sondern Schwestern“ (2 Celano, 214). Im Hindurchgang durch natürliche Widerstände gegen die Schmerzen, aber vielleicht auch durch eine Art masochistischer Versuchungen, vermochte es Franziskus mittels der Bezeichnung „Schwestern“ seine Schmerzen anzunehmen, eine Brükke zu ihnen zu bauen, und innerlich an ihnen zu reifen. Schließlich nennt er im Sonnengesang und dann auch in seinem eigenen Sterben, den Tod „Schwester“:

Gelobt seist du, mein Herr,
durch unsere Schwester, den leiblichen Tod
(sora nostra morte corporale);
ihm kann kein Mensch lebend entrinnen.
Wehe jenen, die in schwerer Sünde sterben.
Selig jene, die sich in deinem heiligsten Willen finden,
denn der zweite Tod wird ihnen kein Leid antun.

Lobt und preist meinen Herrn
und sagt ihm Dank und dient ihm mit großer Demut.
(Sonnengesang, 9–10)

Hier vollenden sich die Versöhnung und der Friede mit der ganzen Schöpfung und dem eigenen Leben, um die Franziskus immer wieder gekämpft hat. Die Versöhnung mit der eigenen Gebrochenheit und Schwäche ist bei Franziskus so reif geworden, daß er fähig wurde, selbst den letzten Bruch im eigenen Leben, den Tod als Bruder anzunehmen und zu umarmen.

Maria: Tochter, Mutter und Braut

Oft wird in der Betrachtung der Spiritualität des hl. Franziskus übersehen, welch eine tiefe Beziehung dieser zur Gottesmutter Maria hatte. Gerade weil die Erlösung durch Jesus, ja durch den Leib Jesu geschehen ist, hat für Franziskus die Gottesmutter Maria, die Jesus in ihrem Leib getragen und ihn geboren hat, eine ganz besondere Bedeutung. Über Maria findet der Poverello am leichtesten einen Zugang zu Jesus und zum ganzen Geheimnis des dreieinen Gottes. Maria ist für

Franziskanische Spiritualität als marianische: JOHANNES SCHNEIDER, *„Virgo ecclesia facta“. Die Gegenwart Mariens auf dem Kreuzbild von San Damiano und im Officium Passionis des heiligen Franziskus von Assisi*, 1998.

ihn somit Vorbild und Wegbegleiterin in einem. Nicht umsonst wollte er den Minderbrüderorden seiner Lieblingsheiligen, der heiligen Maria von den Engeln zu Portiunkula, geweiht wissen und machte das Marienheiligtum von Portiunkula zum Zentrum der Gemeinschaft. So faßt der Biograph Thomas von Celano die Beziehung des Poverellos zu Maria folgendermaßen zusammen: „Die Mutter Jesu umfing er (Franziskus) mit unsagbarer Liebe, weil sie uns den Herrn voll Majestät zum Bruder gemacht. Ihr widmete er besondere Lobpreisungen, an sie richtete er Bittgebete, ihr weihte er Herzensanmutungen, so zahlreich und so innig, wie sie eine menschliche Zunge gar nicht auszusprechen vermöchte. Aber, was unsere höchste Freude ist, er bestellte sie zur Schutzherrin des Ordens und vertraute ihrem Schutzmantel seine Söhne an, die er zurücklassen mußte, damit sie dieselben betreue und beschütze bis ans Ende" (2 Celano, 198). Wie ein roter Faden zieht sich die Erwähnung von Maria, deren Armut Franziskus besonders betont, auch durch die Schriften des Poverellos.

Die tiefe Bedeutung Mariens für Franziskus zeigt etwa die marianische *Antiphon* (Leitvers) zum *Offizium vom Leiden des Herrn,* das Franziskus selber zusammengestellt hat, und das ihm zur Vertiefung seines persönlichen Gebetslebens diente. Darin bezeichnet er Maria als „Tochter und Magd des erhabensten, höchsten Königs, des himmlischen Vaters, Mutter unseres heiligsten Herrn Jesus Christus, Braut des heiligen Geistes" (in: Lehmann, S. 20 ff.) Franziskus formuliert damit, daß Maria sozusagen in das dreifaltige Leben des dreieinen Gottes hineingenommen worden ist und so an der Liebe Gottes ganz Anteil bekommen hat. Mit den intimsten menschlichen Beziehungen wird die Gottesbeziehung Mariens bezeichnet: sie ist Kind Gottes, Tochter des Vaters. Sie ist Mutter Jesu und Partnerin (Braut) des Heiligen Geistes. Diese engsten menschlichen Beziehungen der Kindschaft, der Mutterschaft und der Partnerschaft binden Maria auf tiefst denkbare Weise an den dreieinen Gott. Darin ist sie aber nicht nur einzigartig, sondern wird auch zum Vorbild aller Christen und Christinnen. Ganz ähnlich schreibt Franziskus im Brief an die Gläubigen, daß alle Gläubigen „Anverlobte, Brüder und Mütter unseres Herrn Jesus Christus“ (1. Gläubigenbrief, 7) sein dürfen. Die Bedeutung Mariens liegt also darin, daß diese auf besonders eindrückliche Weise das ist, was alle Christen sein dürfen: Menschen, die in einer intim kindlichen, geschwisterlichen, partnerschaftlichen und mütterlichen Beziehung zu Jesus Christus und zur ganzen Dreieinigkeit stehen.

Abgrundtiefe Depression und vollkommene Freude

Der Blick auf die angedeutete innere Spannung in Franziskus läßt sich noch vertiefen. Häufig kommt in den Schriften und Legenden das schon genannte Wortpaar „bitter-süß" vor. Am bekanntesten ist die ebenfalls schon zitierte Stelle in seinem Testament, wo Franziskus am Ende seines Lebens auf den Anfang seines Weges zurückblickt: „... als ich in Sünden war, kam es mir sehr bitter vor, Aussätzige zu sehen. Und der Herr selbst hat mich unter sie geführt, und ich habe ihnen Barmherzigheit erwiesen. Und da ich fortging von ihnen, wurde mir das, was mir bitter vorkam, in Süßigkeit der Seele und des Leibes verwandelt" (Testament, 1–3). Der innere Widerstand gegen Aussätzige war für Franziskus geradezu ein körperlicher, im Munde spürbarer, bitterer Geschmack. Doch es war nicht nur die Bitterkeit des Aussatzes anderer, die er dabei spürte, sondern er spürte im Grunde genommen seine eigenen Bitterkeiten in den Bitterkeiten des Aussatzes. In der Begegnung mit dem Aussätzigen mußte zuerst er selbst durch diese eigene Bitterkeit hindurchgehen, um die Begegnung als süß erfahren zu können und in den eigenen Bitterkeiten die eigene Süßigkeit und die noch viel größere Süßigkeit Gottes erfahren zu dürfen. Dieser Prozeß der Verwandlung des Bitteren in Süßes, der in der Begegnung mit dem Aussätzigen begann, begleitete Franziskus ein Leben lang weiter. Immer wieder durfte er die Erfahrung machen, daß in den Bitterkeiten seines Lebens Süßigkeit „herausgeküßt" werden kann, daß Gott ihm gerade da, wo er mit Ängsten, Grenzen und Widerständen konfrontiert war, neue Horizonte eröffnete und sein Inneres wandelte. Gegen Ende seines Lebens wird in der Stigmatisierung nochmals davon berichtet, daß zwei Polaritäten seines Lebens von Gott zusammengeführt worden sind: Freude und Leid. „Bei diesem Anblick (des gekreuzigten Seraphs) war Franziskus sehr bestürzt; Freude und Trauer zugleich erfüllten sein

Herz. Die liebevolle Erscheinung, bei der er Christi Blick auf sich ruhen sah, durchströmte ihn mit Freude; doch der Anblick seines Kreuzesleidens durchbohrte seine Seele mit dem Schwert schmerzlichen Mitleidens“ (Legenda Maior, 13,3). Tiefe Freude und schmerzliches Leiden haben das Leben von Franziskus begleitet. Er war der durch die Welt tanzende „Bruder Immerfroh“ und gleichzeitig gehört er wohl auch zu den „großen Depressiven“ der Weltgeschichte.

Unter den großen Schwermütigen des 20. Jh.s seien nur der Theologe Romano Guardini († 1968) und der Schriftsteller Reinhold Schneider († 1958) genannt. Beide haben sich in Veröffentlichungen mit Franziskus auseinandergesetzt.

Fröhlichkeit

Die Fröhlichkeit des Bruder Franz ist geradezu sprichwörtlich geworden. Statt einer Geige soll er manchmal zwei Holzstücke genommen haben, mit denen er Geige spielte, herumtanzte und zu deren „Musik“ er sang. Das ehemalige Hobby des jungen Francesco, der Minnesang, blieb ihm im Blut, und er entwickelte daraus einen unbändigen Lobgesang auf Gott. Nicht umsonst ermutigte er seine Brüder dazu, Narren um Gottes willen zu sein, und bot zu manchem Schauspiel in der Stadt Assisi und in Umbrien Anlaß. Die vermutlich nach 1328 verfaßten *Fioretti* sind voll solch lustiger und eigenartiger Geschichten. Etwa das Kinderspiel des „Kreisels der Vorsehung“, als Franziskus Bruder Masseo auf einer Wegkreuzung viele Male im Kreise herumdrehte, um den Willen Gottes zu erfahren, in welche Richtung sie nun gehen sollten (Fioretti, 11). Oder als Franziskus und Rufin nackt oder vielleicht doch mit Unterhosen bekleidet in einer Kirche in Assisi predigten und so viele von den zahlreich herbeigeströmten Leuten zur Umkehr ihres Lebens bewegten (Fioretti, 30). Die Ermutigung zur Freude ist denn auch eine immer wiederkehrende Mahnung, die Franziskus an seine Brüder richtet: „Und sie mögen sich hüten, sich nach außen hin traurig und wie düstere Heuchler zu zeigen; sie sollen sich vielmehr als solche zeigen, die sich im Herrn freuen (vgl. Phil 4,4) und heiter und liebenswürdig sind, wie es sich geziemt“ (Nicht bullierte Regel, 7,16).

Vollkommene Freude

Sehr berühmt geworden ist die Erzählung von der „vollkommenen Freude“, die hier in der späteren, ausgefalteteren Fassung der *Fioretti* (Kap. 8; schlichtere Fassung in: Lehmann, S. 183 ff.) ganz zitiert werden soll:

> Als der heilige Franziskus einmal mit Bruder Leo zur Winterszeit von Perugia nach Santa Maria degli Angeli ging, und die große Kälte ihm hart zusetzte, rief er Bruder Leo, der ein wenig vorausging, und sprach zu ihm: „O Bruder Leo, auch wenn die Minderbrüder in jedem Land ein großartiges Beispiel der Heiligkeit und Erbauung zum Guten gäben: merke dir und schreibe es sorgfältig auf, daß darin dennoch nicht die vollkommene Freude (vgl. Joh 15,11; 16,24) besteht.“ Und als der heilige Franziskus ein Stück weiterging, rief er ihn ein zweites Mal: „O Bruder Leo, auch wenn der Minderbruder Blinden das Augenlicht schenkte, Verkrüppelte aufrichtete, Dämonen austriebe, Taube hören, Lahme gehen, Stumme sprechen machte und, was noch größer wäre, einen auferweckte, der schon vier Tage tot war (vgl. Mt 11,5; Lk 7,22; vgl. Joh 11,17): schreibe, daß darin nicht die vollkommene Freude besteht.“ Nach einem kurzen Stück Weges rief der heilige Franziskus laut: „O Bruder Leo, wenn der Minderbruder alle Sprachen und alle Wissenschaften (vgl. 1 Kor 13,1 f.) und alle Schriften verstünde, ja, wenn er verstünde, zu prophezeien und nicht bloß zukünftige Dinge, sondern auch die Geheimnisse der Seelen zu offenbaren: schreibe, daß darin nicht die vollkommene Freude besteht.“ Als sie wieder ein Stück weitergegangen waren, rief der heilige Franziskus noch einmal laut: „O Bruder Leo, Lämmlein Gottes, wenn der Minderbruder auch die Sprache der Engel spräche, den Lauf der Sterne kennte (vgl. 1 Kor 13,1) und die Kräfte der Kräuter, wenn ihm alle Schätze der Erde geoffenbart würden und er wüßte um das Wesen der Vögel und der Fische und aller Tiere (vgl. Weish 7,19 f.), der Menschen und der

Bäume, der Felsen und Wurzeln und der Gewässer: schreibe, daß darin nicht die vollkommene Freude besteht." Und wiederum nach einem Stück Weges rief der heilige Franziskus laut: „O Bruder Leo, wenn auch der Minderbruder so gut predigen könnte, daß er dadurch alle Ungläubigen zum Glauben an Christus bekehrte: schreibe, daß darin nicht die vollkommene Freude besteht.'"
Da dieses eigentümliche Gespräch nun schon gut zwei Meilen des Weges so verlief, fragte ihn Bruder Leo mit großer Verwunderung: „Vater, ich bitte dich im Namen Gottes, sag mir doch, worin nun die vollkommene Freude liegt." Der hl. Franziskus antwortete ihm: „Wenn wir nach Santa Maria degli Angeli kommen, durchnäßt vom Regen, vor Kälte steif gefroren, bedeckt mit Schmutz und geplagt von Hunger, und wir klopften an die Pforte der Niederlassung, und der Pförtner kommt zornig heraus und sagt: ‚Wer seid ihr?', wir aber sagen: ‚Wir sind zwei eurer Brüder.' Und er antwortet: ‚Ihr sagt nicht die Wahrheit. Zwei Räuber seid ihr, die in betrügerischer Absicht durch die Welt ziehen und die Almosen der Armen rauben. Geht fort!' Und er öffnet uns nicht, sondern läßt uns draußen stehen in Schnee und Regen, kalt und hungrig bis in die Nacht. Wenn wir dann so großes Unrecht, solche Grausamkeit und solche Zurückweisungen geduldig ertragen, ohne Aufregung und ohne über ihn zu murren; wenn wir demütig und wohlwollend denken, daß dieser Pförtner uns wirklich kennt und daß ihn Gott gegen uns sprechen läßt: o Bruder Leo, schreibe, daß darin die vollkommene Freude liegt. Und wenn wir dann nicht aufhören anzuklopfen, und er kommt zornig heraus und jagt uns mit Schimpfen und Ohrfeigen fort wie nichtsnutzige Lumpen, indem er sagt: ‚Packt euch fort von hier, elende Gauner! Geht zum Hospital, denn hier werdet ihr nicht essen und übernachten!' Wenn wir das geduldig, mit Fröhlichkeit und gütiger Liebe ertragen: o Bruder Leo, schreibe, daß darin die vollkommene Freude besteht. Und wenn wir dann, gezwungen durch Hunger, Kälte und die Nacht, immer noch klopfen und rufen

und um der Liebe Gottes willen unter Tränen bitten, er möge uns doch öffnen und einlassen, dieser aber noch mehr verärgert sagt: ‚Das sind doch nichtsnutzige Lumpen! Ich werde ihnen heimzahlen, wie sie es verdienen.' Und er kommt heraus mit einem Knüppel, packt uns bei der Kapuze, stößt uns zu Boden, wirft uns in den Schnee und versetzt uns mit jenem Stock einen Hieb nach dem anderen: Wenn wir das alles geduldig und mit Fröhlichkeit ertragen, indem wir an die Leiden Christi, des Gebenedeiten denken, die wir um seiner Liebe willen ertragen müßen, o Bruder Leo, schreibe, daß darin die vollkommene Freude besteht."
(Fioretti, 8, 1–17)

Martin Kämpchen, *Franziskus lebt überall. Seine Spuren in den Weltreligionen*, 2002, S. 34.

Martin Kämpchen bezeichnet diese Erzählung als die „franziskanische Kerngeschichte". Franziskus relativiert radikal all das, was in der Welt und auch in der Kirche als groß und wichtig gilt. Weder die leuchtende Heiligkeit der Brüder noch ihre Wundertaten, weder wissenschaftliche Großtaten noch ihre Prophetengabe, noch ihre Missionserfolge machen die vollkommene Freude aus. Auch wenn der Minderbrüderorden vor aller Welt glänzen und leuchten würde, wäre das noch kein Grund zu wirklicher Freude. Ja, für Franziskus zählen die äußeren Taten gar nicht, weder Erfolge noch bedrückende Erlebnisse. Für ihn zählt einzig die innere Haltung, die Verbundenheit mit dem Herrn, auch wenn er leidet. Die wahre, die vollkommene Freude ist die innere Fröhlichkeit, die aus der Freude an der Freundschaft mit Gott herauswächst und die dem Herzen eine tiefe Ruhe und Gelassenheit schenkt. Diese Freude ist nicht masochistisch. Gerne wird die Erzählung heute als eine Art Aufruf zum Masochismus mißverstanden. Masochismus würde aber bedeuten, daß das Leiden und der Schmerz selber schon Freude sind. Die Freude besteht für Franziskus aber darin, geduldig bleiben zu können, nicht über den Mitbruder zu murren, ja „demütig zu denken, daß dieser Pförtner uns wirklich kennt", das heißt, der Wahrheit der eigenen inneren, räuberischen Abgründe ins Auge zu schauen und sie anzuerkennen. Der Poverello ist darum bereit, sich so behandeln zu lassen, wie er es verdient hätte, wenn Gott in Jesus nicht unendlich barmherzig und liebevoll mit ihm wäre. Seine vollkommene Freude beginnt da aus seinem Inneren hervorzubrechen, wo er erkennt, daß Gott ihn völlig unverdient und aus reiner barmherziger Liebe annimmt. Diese Freude über Gottes Nähe zu ihm ist so unendlich groß, daß das Leiden an irgendetwas geradezu unbedeutend wird. Die Erzählung ist auch aus der Auseinandersetzung mit den Idealen des Ordenslebens und der kirchlichen Arbeit heraus zu verstehen und wird damit zu einem die real existierenden kirchlichen Institutionen kritisierenden Text. Nicht Erkenntnisse und Erfolge, auch wenn sie noch so schön und spirituell erstrebenswert erscheinen, sind das Ziel menschlichen Lebens und kirchlicher Arbeit. Kirche und Minderbrudersein mißt sich nicht an Erfolgen, sondern einzig am freien Geschenk göttlicher Liebe. Erst in ihr wird eine christliche Institution so arm, daß sie Raum für den göttlichen Reichtum schaffen kann.

Abgrundtiefe Depression

Studiert man die Texte zum Leben des Franziskus noch genauer, so treten einem noch stärker seine Traurigkeiten und seine depressiven Phasen vor Augen. Zwar bemühen sich die Legendenschreiber, vor allem von der Überwindung dieser Traurigkeiten zu sprechen. Dazukommt, daß diese Erzählungen nie besonders bekannt geworden sind, vermutlich weil sich die Menschen das Bild des fröhlichen Franziskus nicht zerstören lassen wollten. Doch im Sinne des Franziskus kann die Fröhlichkeit nur zusammen mit der Traurigkeit verstanden werden.

Das Erleben vollkommener Freude heißt für Franziskus nicht, daß er nicht auch die Abgründe des Leidens bis zum Äußersten hätte durchstehen müssen. Verschiedene innere Nöte haben Bruder Franz im Verlaufe seines Lebens immer wieder stark bedrängt. Da wird von seinen persönlichen Zweifeln berichtet, von seinem starken Schuldbewußtsein, das ihn bis hin zu Zweifeln führte, ob er denn überhaupt noch gerettet werden könne und nicht zur Hölle verdammt sei. Auch seine Skrupel, etwa in der Armutsfrage, haben ihn offensichtlich sehr stark belastet. Sein Eifer für eine vollständige Hingabe in die Armut Jesu hinein trat immer wieder neu und stärker in Spannung zu seinen eigenen, menschlichen Bedürfnissen. Er wollte alles hingeben und konnte doch nicht auf alles verzichten. Vor allem die Zeiten zunehmender Krankheiten wurden für ihn schwierig, da er immer mehr von anderen Menschen, die ihn pflegten und ihm halfen, abhängig wurde. Gerade diese Abhängigkeit von anderen ist ja eine der tiefsten und schmerzlichsten Dimensionen der Armut. Erst durch langes Ringen hindurch konnte Franziskus lernen, daß wirkliche Armut gerade mit der Demut verbunden ist, nicht alles selber tun zu können und die Hilfe von Menschen und die Geschenke Gottes annehmen zu dürfen, aber auch zu müssen. Wirkliche Armut im franziskanischen Sinne besteht immer darin, nie völlig arm sein zu können.

Am Abgrund

Die innere Not des Franziskus gipfelte vermutlich in Suizidphantasien. Die *Fioretti* (2. Betrachtung, 56 ff.) berichten, daß Franziskus auf dem Berg La Verna grausame Kämpfe mit Dämonen hatte. Einmal näherte sich ihm dabei der Teufel mit Unwetter und lautem Getöse und versuchte, ihn einen Felsen herunterzuwerfen. In seiner Not schmiegte sich Franziskus an die Felswand und bat Gott um seinen Beistand. Durch ein Wunder Gottes höhlte sich der Fels aus und bot so Franziskus Schutz. Der Bericht zeigt, daß Franziskus schwere innere Nöte und Selbstzweifel hatte, die ihn seine ganze Existenz in Frage stellen ließen. Die Anfechtungen waren offensichtlich aber auch religiös begründet. Franziskus zweifelt daran, daß er sich in seiner Situation noch Gott anvertrauen darf, und erlebt in dieser schweren Anfechtung zum Suizid, daß Gott ihm gerade in solch schwierigen Situationen beisteht und ihm Raum schafft, wo er aus sich selber keinen Raum mehr erleben kann. Sehr ähnlich berichtet im 16. Jahrhundert übrigens der hl. Ignatius von Loyola, der Gründer des Jesuitenordens, von seinen Versuchungen zur Selbsttötung, die er in Manresa hatte: Es „kamen ihm oft Versuchungen mit großem Ansturm, sich durch ein großes Loch zu stürzen, das diese seine Zelle hatte; und es war neben der Stelle, wo er das Gebet hielt. Doch da er erkannte, daß es Sünde war, sich zu töten, schrie er wiederum: ‚Herr, ich werde nichts tun, was dir entgegen ist!' Und er wiederholte diese Worte so wie die früheren viele Male."

IGNATIUS VON LOYOLA. *Bericht des Pilgers* (übers. u. komm. v. Peter Knauer), 2002, S. 66 (III, 24).

Die Berichte zu seinem Leben stellen uns Franziskus also als einen Menschen dar, der abgrundtiefe Depressionen durchlebt und vollkommene Freude erleben darf. Seine Persönlichkeit ist darauf angelegt, die Extreme zu durchleben und auf allen Seiten bis zum Äußersten zu gehen. Gerade das macht auch seine Gotteserfahrung aus. Franziskus erlebt bis zum Äußersten und Letzten die bedrohliche und dunkle Seite Gottes, die ihn in tiefe Abgründe schauen läßt, ihn aber gerade darin auch das Aufgehobensein durch Gott mit all seinen eigenen Abgründen erfahren läßt. Und doch erlebt er immer wieder, immer neu und immer tiefer auch die grenzenlose Liebe Gottes, die in ihm eine kaum mehr ausdrückbare Freude weckt und die Freude zu einem Grundzug seines Lebens werden läßt.

Freude überwindet Niedergeschlagenheit

Aus den Kämpfen gegen die eigene Dunkelheit sind bei Franziskus schließlich viele Ermutigungen zur Freude hervorgegangen. So berichtet etwa Thomas von Celano in seiner zweiten Franziskusbiografie (2 Celano, 125):
„Das sicherste Mittel gegen tausenderlei Nachstellungen und Listen des bösen Feindes ist, wie unser Heiliger zu versichern

pflegte, die geistliche Freude. Er sagte nämlich: ‚Dann hüpft der Teufel am meisten vor Freude, wenn er einem Knecht Gottes die Freude des Geistes entreißen kann. Er trägt Staub bei sich, den er nach Belieben in die kleinen Falten des Gewissens hineinwirft, um die Sauberkeit des Gewissens und die Lauterkeit des Lebens zu beschmutzen. Wenn aber‘, sagte er, ‚die geistliche Freude die Herzen erfüllt, dann spritzt die Schlange vergeblich das tödliche Gift aus. Die bösen Geister können einem Knecht Christi nichts anhaben, wenn sie ihn mit heiliger Fröhlichkeit erfüllt sehen. Wenn jedoch der Geist in kläglicher Stimmung, trostlos und traurig ist, wird er leichter entweder von der Traurigkeit aufgesogen oder eitlen Freuden überlassen.‘ Daher trachtete der Heilige danach, stets im Jubel des Herzens zu verharren, die Salbung des Geistes und das Öl der Freude zu bewahren. Die Krankheit der Niedergeschlagenheit suchte er als die schlimmste mit der größten Sorgfalt zu vermeiden.“

Das ist der fröhliche Franziskus, wie man ihn sich gerne vor Augen hält. Doch diese Fröhlichkeit war nicht Ausdruck eines unbeschwerten Lebens, sie muß vor dem Hintergrund seiner schweren Erfahrungen gesehen werden. Der Rat, den Franziskus gibt, entstammt aus seiner eigenen Erfahrung: Wenn das Herz des Menschen so sehr von Jesus und seiner Freude ergriffen und besetzt ist, hat die Niedergeschlagenheit und Traurigkeit keinen Platz mehr in ihm. Aussagen, die bei anderen nur fromme Worte zu sein scheinen, sind bei Franziskus offensichtlich erlittene Einsichten und darum glaubwürdig. Die Fröhlichkeit des Poverellos ist aus den Tiefen der Niedergeschlagenheit heraus gewachsen.

Leben aus der Beziehung zu Schwester Klara

Es ist nicht möglich, über die wesentlichen Züge im Leben des Franziskus zu schreiben, ohne von seiner Beziehung zu Klara zu berichten. Dabei genügten die Erörterung der Aufnahme Klaras in die franziskanische Bewegung, wie sie im ersten Teil berichtet wurde, und andere geschichtliche Tatsachen über die Beziehung zwischen Klara und Franziskus keineswegs. Es liegt etwas Tieferes in der Beziehung dieser zwei Heiligen. Nicht nur die historischen Quellen geben erste Hinweise, sondern auch viele Volkslegenden berichten von der tiefen Faszination dieser Beziehung, und noch die in romanhaften Büchern dargestellte, historisch kaum denkbare Vorstellung einer Romanze zwischen Franziskus und Klara zeugt von einem Wissen um eine besondere Beziehung zwischen den beiden. Selbst Papst Johannes Paul II. spricht 1982 poetisch von der Beziehung zwischen Franziskus und Klara: „Es ist wirklich schwierig, die beiden Namen Franziskus und Klara voneinander zu trennen. Es sind zwei Phänomene. Es sind zwei Legenden ..." Der Papst spricht sogar von einem „Doppelnamen Franziskus-Klara", da für ihn die beiden Heiligen offensichtlich untrennbar zusammengehören.

Schriften zwischen Franziskus und Klara: vgl. NIKLAUS KUSTER, *Schriften des Franziskus an Klara von Assisi*, in: *Wissenschaft und Weisheit* 65 (2002) 163–179.

Volkslegenden bei: ANTON ROTZETTER, *Klara und Franziskus*, 2. Aufl. 1999.

Zit. nach: *Klara von Assisi, die neue Frau, Brief der vier Generalminister der Franziskanischen Familie an alle Klarissen ...* 1993.

Zuwendung zueinander in der Hinwendung zu Gott

Hier sollen nun wenigstens einige Annäherungen an diese Beziehung versucht werden. Neben der Tatsache, daß überhaupt wenig von ihr berichtet wird, fällt beim Studium der historischen Quellen auf, daß zwischen Franziskus und Klara einerseits eine sehr starke Zuwendung zueinander in der Hinwendung zu Jesus Christus vorhanden war, andererseits sich Franziskus gelegentlich extrem stark von Klara abgegrenzt hat. Beides zusammen gibt uns den wichtigen Hinweis auf die große Spannbreite dieser Beziehung zwischen Nähe und Distanz. Wir alle kennen in unseren eigenen Beziehungen dieses Wechselspiel von Nähe und Distanz. Eine Beziehung, die auch und vor allem aus der Tiefe Gottes heraus wächst, wird noch viel tiefer intime Nähe, die aus der Vereinigung mit Gott hervorgeht, und extreme Distanz, die das kleine Geschöpf gegenüber dem unendlichen Gott empfindet, erfahren dürfen und müssen. Dadurch sind in Franziskus und Klara die Abgründe menschlicher Beziehungen zwischen egoistischer Selbstwerdung und partnerschaftlicher Verschmelzung, aber auch die Tiefen der Beziehung zu Gott zwischen Gottwerdung des Menschen und Geschöpf-Sein-Dürfen vor Gott in Spannung zusammengetreten. Ganz in menschlicher Beziehung zueinander zu leben und ganz auf Gott ausgerichtet zu sein, waren für Franziskus und Klara nach einer langen Reifung der Beziehung keine Widersprüche mehr. Dadurch wurden sie fähig, eine Beziehung zu leben, die ihre Wurzeln zutiefst in der *Kontemplation* Gottes (vgl. S. 110) hatte und aus ihr heraus lebte. Sie erlebten so in der Kontemplation ihre menschliche Beziehung ähnlich (der theologische Fachbegriff dazu ist: *analog)* der Beziehungen im dreifaltigen Gott. Ganz in Einheit miteinander zu sein und ganz sich selber zu sein, sind im dreieinen Gott keine Widersprüche, sondern gehören zusammen. Dadurch kann in einer menschlichen Beziehung, nicht nur in einer partnerschaftlichen, sondern auch in einer jungfräulichen, die Gegenwart des einen Gottes in den drei Personen von Vater, Sohn und Heiliger Geist erlebt werden.

Die Bedeutung der Dreifaltigkeit für die franziskanische Weltsicht kann nicht unterschätzt werden. Franziskus und Klara denken und beten ganz von der Dreifaltigkeit her. Spätere Franziskanertheologen wie Bonaventura († 1274) werden diese trinitarische Sicht dann theologisch noch weiter entfalten.

Im Reifen der Beziehung finden die beiden Extreme, die Angst vor Nähe und die unlösbare Verbundenheit, zueinander und werden vom dreieinen Gott, der alle Extreme umfaßt, miteinander verbunden. Nähe und Einheit mit einem Menschen bedeutet nicht mehr Verlust der eigenen Personalität, des Sich-Selber-Seins, und Abgrenzung gegenüber einer anderen Person heißt nicht mehr Trennung von diesem Menschen, weil in der Dreieinigkeit ein Gott in drei Personen ist und so Personalität und Vereinigung in ihm miteinander versöhnt sind. Aus der kontemplativen Betrachtung Gottes heraus hat sich so zwischen Klara und Franziskus eine spannungsgeladene und schwierige, aber auch eine sehr tiefe Beziehung entwickelt.

Zwischen Verbundenheit und Angst

Die beiden Extreme in der Beziehung des Franziskus zu Klara sind einerseits seine Angst vor der Nähe von Schwester Klara, andererseits seine unlösbare, in Gott gründende Verbundenheit mit ihr. Werfen wir zuerst einen Blick auf die Angst des Franziskus vor der Nähe Klaras. Die Erzählung eines besonderen Besuches bei Klara und den Schwestern in San Damiano zeigt uns auf krasse Art und Weise, wie sich Franziskus abgrenzt (vgl. zum Folgenden: 2 Celano, 207). Der Vikar des Ordens drängt Franziskus, die Schwestern in San Damiano wieder einmal zu besuchen und ihnen das Wort Gottes zu verkünden. Während die Schwestern im Sprechzimmer versammelt sind, um das Wort Gottes zu hören, „aber nicht weniger auch, um den Vater zu Gesicht zu bekommen“, tritt Franziskus ein, erhebt die Augen zum Himmel und beginnt zu beten. Dann streut er einen Kreis aus Asche um sich herum, legt sich Asche aufs Haupt auf und verharrt schweigend in diesem Aschekreis. Schließlich betet er Psalm 51, den Bußpsalm, und macht sich nach diesem Gebet schnell davon.
Der Aschenkreis spricht Bände: Franziskus grenzt sich scharf von Klara und ihren Schwestern, ja – wie andere Zeugnisse erweisen – von Frauen überhaupt ab. Er fühlt sich bedroht und zieht sich in einen abgeschlossenen Innenraum zurück. Doch dieser Rückzug ist keine hilflose „Einbunkerung“. Er gibt ihm die Möglichkeit, sich Gott zuzuwenden und in der Beziehung zu ihm zu wachsen. Immerhin kann sich Franziskus so

weit öffnen, daß er Klara besucht, um ihr und sich selber die Mitte ihrer Beziehung zueinander in Gott zu zeigen und so den Weg zu einer Vertiefung der Freundschaft zu weisen. Der Text gibt sowohl vom starken Ringen des Franziskus um eine gute Beziehung zu Schwester Klara Zeugnis als auch von der Unbeschwertheit Klaras und ihrer liebenden Geduld mit den Schwierigkeiten des Poverellos.

Gesicht in der Tiefe des Brunnens

Schauen wir die Beziehung zwischen Franziskus und Klara aber noch etwas genauer an. Vermutlich im Jahre 1211 hat sich Franziskus zum ersten Mal mit der damals etwa 17jährigen Klara getroffen. Er war schon bedeutende Schritte auf dem Weg der Nachfolge Jesu gegangen und hatte schon einiges von der Adelstochter Klara, ihrem eifrigen Gebetsleben und ihrer besonderen Liebe zu den Armen gehört. Im persönlichen Gespräch entdeckten die beiden ihre ähnlich starke Leidenschaft für die Gottsuche, und ihre Sehnsucht nach dem Leben mit Jesus Christus wurde im Austausch tiefer. Dadurch entschloß sich die jüngere Klara, dem älteren Franziskus, der seinen Weg schon gefunden hatte, zu folgen und seine Lebensform nach dem Evangelium zu wählen.
Nach der in Portiunkula geschehenen Aufnahme in die franziskanische Bewegung blieb Klara für Franziskus offensichtlich eine sehr wichtige Gesprächspartnerin und Freundin auf dem mystischen Weg zu Gott, sah sich selber aber auch immer in Abhängigkeit von Franziskus und nannte sich daher „Pflänzchen" *(plantula)* des Franziskus. Franziskus erlebte die Nähe zu Klara nicht nur in ihrem menschlich-örtlichen Dasein, sondern gerade auch in seiner Begegnung mit Gott. Eine sehr späte, sicher unhistorische, darum aber nicht weniger wahre Volkslegende nach Arnaldo Fortini drückt dies in einem schönen Bild aus: „Eines Tages hatten sich Bruder Franz und Bruder Leo zusammen nach Siena begeben; aber sie wurden dort

Abhängigkeit und Eigenständigkeit Klaras gegenüber Franziskus werden heute sehr differenziert beurteilt. Vgl. zur aktuellen Sicht Klaras: Martina Kreidler-Kos, *Klara von Assisi. Schattenfrau und Lichtgestalt*, 2. überarb. Aufl. 2003.

von den Leuten ziemlich unfreundlich aufgenommen, und der Heilige war deshalb nicht wenig betrübt. Den Weg entlang, während es dunkelte, dachte er an das süße Assisi, wo er seine geistlichen Söhne und Klara, die Tochter seines Herzens, zurückgelassen hatte. Er wußte, daß die fromme Jungfrau um ihrer Liebe zur Armut willen großen Widrigkeiten ausgesetzt war, und er war zur Zeit nicht ohne Sorge, seine geliebte Tochter möchte an Leib und Seele krank werden und könnte sich, in San Damiano auf sich selber angewiesen, von ihren heiligen Vorsätzen abdrängen lassen.
Dieser Zweifel bedrückte ihn in einem Maße, daß er an der Stelle, wo die Straße in das Hügelland einbiegt, das Gefühl hatte, seine Füße würden ihm jeden Augenblick in die Erde versinken. Er schleppte sich zu einem Brunnen, an dem das frische Wasser sprudelte und im Trog eine klare Fläche bildete, auf die der Strahl vom Brunnenrohr niederfiel. Lange stand der Mann Gottes über den Brunnen gebeugt. Dann hob er auf einmal den Kopf und sagte freudig zu Bruder Leo: ‚Bruder Leo, Lämmlein Gottes, was glaubst du, habe ich im Brunnenwasser gesehen?' – ‚Den Mond, Vater, der sich darin spiegelt', erwiderte der Bruder.
‚Nein, Bruder Leo; nicht unsere Schwester Mond habe ich im Brunnenwasser gesehen, sondern durch die anbetungswürdige Gnade des Herrn sah ich darin das wirkliche Antlitz unserer Schwester Klara, und es war so rein und strahlend von heiliger Freude, daß mir alle meine Zweifel auf einmal verflogen sind, und ich habe die Gewißheit erhalten, daß unsere Schwester in dieser Stunde jene tiefe Freude genießt, die Gott seinen Lieblingen gewährt, indem er sie mit den Schätzen der Armut überhäuft.'"

Anton Rotzetter, *Klara und Franziskus*, 2. Aufl. 1999, S. 81–82.

Die Not des Momentes erinnert Franz an Assisi und an Klara. Doch auch dieser Gedanke läßt wieder neue Not in Franziskus aufkommen. Er sorgt sich um Klara, daß sie krank werden könnte und in Versuchung kommen, ihre Lebensform aufzugeben. Von fern werden so sein Leid und seine Sorgen zu einem geteilten Leid. Die Freundschaft mit Klara wird hineingenommen in die Sorge und die Dunkelheit. Das geht so weit, daß Franziskus an der Treue Klaras zu Christus und seinem Ruf an sie zu zweifeln beginnt: Trotz der Begleitung von Bruder Leo wird er sehr einsam und starrt vor sich hin, in einen Brunnen hinein. Darin sieht er nicht nur die äußere Welt gespiegelt, sondern auch seine innere Welt mit all ihren Zweifeln und Dunkelheiten. Doch da hellt die Freundschaft zu Klara seinen Blick auf. Im Schauen in die Tiefe, im Schauen auf Gott, begegnet er Klara. Im Spiegel Christi, für den die Wasserfläche ein Bild ist, begegnet er Klara und wird von ihr oder besser gesagt „von ihr im Herrn", für den der Brunnen mit seinem sprudelnden Wasser ein Bild ist, getröstet. In der Einsamkeit erlebt er Gemeinschaft mit Klara in der Tiefe Gottes. Damit ist Wesentliches über die Beziehung zwischen Franziskus und Klara ausgesagt: In der Tiefe begegnen sich die beiden in Gott, an der Oberfläche der menschlichen Beziehung kommen aber Mißtrauen und Zweifel aneinander und an der Freundschaft auf. Die Freundschaft lebt so aus der Tiefe der Gottesbeziehung und kann aus dieser Tiefe Probleme und Zweifel, die reichlich vorhanden sind, überstehen, ja gar zu einer zentralen Lebenshilfe und Stärkung werden. Und das alles verblüffenderweise aus der Ferne, ohne daß sich Klara und Franziskus oft sehen. Trotz der Ferne und seltenen Begegnungen wurde Klara für Franziskus und Franziskus für Klara zu einem Spiegel, in dem die beiden im Hintergrund der Person des anderen Jesus Christus erkennen konnten. Wer täglich in den Spiegel Christi hineinblickt, wie Klara Agnes von Prag ermutigt und es selber auch tut, der wird fähig, auch in anderen Menschen einen Spiegel Christi zu erkennen, so daß im Antlitz des Gegenübers auch das Antlitz Christi sichtbar werden kann.

Wie in einen Spiegel schauen

Prozeßakten des Heiligsprechungsprozesses in der deutschen Gesamtausgabe: **Klara-Schriften**, S. 29–112, hier: Dritte Zeugin, Nr. 29.

Eine in der Aussage ähnliche Erzählung, die allerdings historisch sicher ist, da sie von Klara selbst den Schwestern weitergegeben wurde, berichtet von einem Traum der hl. Klara: Sie sei eine hohe Treppe zu Franziskus hinaufgestiegen und hätte oben an der Brust des Franziskus getrunken. „Und nachdem sie gesaugt hatte, blieb jene Rundung, das heißt die Öffnung der Brust, woraus die Milch floß, zwischen den Lippen der seligen Klara. Und als sie das, was ihr im Munde geblieben war, mit den Händen anfaßte, schien es ihr, als sei es klares und leuchtendes Gold gewesen, so daß sie sich ganz darin sehen konnte, gleichsam wie in einem Spiegel.“

Die Erzählung des Traumes, der eine große Nähe zwischen Franziskus und Klara bezeugt, überrascht. Doch es ist ein Traum Klaras. Diese hatte im Gegensatz zu Franziskus keinerlei Ängste vor der Nähe zu Franziskus und träumt darum auch von dieser Nähe. Verblüffenderweise berichtet der letzte Satz der Erzählung davon, daß der Abdruck der Brustöffnung des Franziskus für Klara wie leuchtendes Gold, in dem sie sich selber wie in einem Spiegel betrachten konnte, geworden ist. Wie in der vorher zitierten Brunnenerzählung erscheint auch hier wieder das Spiegelmotiv, das die Selbsterkenntnis mit der Beziehung zu Franziskus in Verbindung bringt und das Klara in ihren Schriften oft als Bild für die Gottesbegegnung verwendet. Klara sieht sich selber in dem prächtigen Eindruck, den Franziskus an ihr hinterlassen hat. Franziskus hat Klara zu sich selber und damit in der Tiefe auch zu Gott, dem sie in Jesus nachfolgen will, geführt.

Jungfräuliche Offenheit für Gott und die Menschen

Das heute oft veraltet wirkende Wort ***Jungfräulichkeit*** ist nicht primär sexuell oder gar anatomisch zu verstehen, wie man das heute verblüffenderweise meistens tut. Es bezeichnet hier den evangelischen Rat, in intimpersönlicher Bindung an Jesus Christus zu leben.

Hier ist der Ort, auch ein Wort über etwas zu verlieren, das für die frühen Lebensbeschreibungen und für Franziskus selbst selbstverständlich war: das Leben in *Jungfräulichkeit.* Dem Mittelalter war es klar, daß Menschen, die Gott mit der ganzen Leidenschaft ihres Herzens suchen wollten, eine jungfräuliche Lebensform wählten. Daß auch Verheiratete Gott leidenschaftlich suchen konnten, galt eher als – wenn auch häufige – Ausnahme. Seit Beginn der Moderne ist dies umgekehrt. Eine Berufung zu einem Leben in eheloser Keuschheit um Gottes willen bedarf der Begründung und wird von vielen gesellschaftlichen und teilweise auch kirchlichen Kreisen als ungesund, manchmal sogar schlechthin krankhaft angesehen. Für Franziskus scheint seine jungfräuliche Lebensform seit seiner Hinwendung zu Gott keine Frage mehr gewesen zu sein. Er hat sich nicht gefragt, ob er ohne menschliche Partnerschaft leben soll oder nicht, sondern seine Frage war es, ob er sein Leben ganz in die Beziehung zu Gott und in den Dienst an ihn stellen sollte. Ihm war klar, daß diese Lebenshingabe an Gott ihn so sehr verzehren würde, daß es daneben schlichtweg keinen Raum mehr für eine partnerschaftliche Beziehung geben würde. Seine jungfräuliche Lebensform war damit zutiefst in seiner Sehnsucht nach lebendiger Beziehung zu Gott verwurzelt und nicht in der Abgrenzung gegen die Nähe von Frauen, die es bei Franziskus wie beschrieben auch (über-)stark gab. Seine leidenschaftlichen Aussagen in der *Nicht bullierten Regel* (23,9) weisen darauf hin: „Nichts anderes wollen wir darum ersehnen, nichts anderes wollen, nichts anderes soll uns gefallen und erfreuen als unser Schöpfer und Erlöser und Retter …“

Mit fraulich feinem Gespür, aber ohne die bei Franziskus immer wieder auftauchende Abgrenzungstendenz gegenüber gegenteiligen Antrieben, hat Klara jungfräuliches Leben sehr ähnlich beschrieben: „Wenn Eure Liebe ihm gehört, seid ihr keusch, wenn ihr ihn festhaltet, werdet ihr noch reiner, wenn Ihr ihn angenommen habt, seid Ihr Jungfrau“ (Klara-Schriften, S. 187; 1. Brief an Agnes, 8). Keuschheit definiert Klara also nicht von daher, keine sexuellen Beziehungen zu haben und in diesem Sinne, das heißt letztlich in fundamentaler Abwertung der Sexualität, „rein“ zu sein. Jungfräuliche Keuschheit heißt bei ihr, Jesus zu umarmen und aus dieser intimen, partnerschaftlichen Liebesbeziehung heraus zu leben. Dadurch ist Jungfräulichkeit für sie wie für Franziskus eine durch und durch positive Lebensform, ein „Leben aus Liebe“, Annahme der Hingabe Jesu und Verschwendung des eigenen Lebens an den Herrn. In dieser positiven Sicht braucht Klara keine negative Abgrenzung wie Franziskus. Für beide ist schließlich die Jungfrau Maria Urbild aller jungfräulich-leidenschaftlichen Sehnsucht nach Gott. Jungfräulichkeit und leidenschaftliche Sehnsucht gehören für beide wesentlich zusammen.

Sonnenlicht und Regenbogen

Bei näherer Betrachtung der Beziehung zwischen Franziskus und Klara kommt ihre Unterschiedlichkeit immer deutlicher zum Ausdruck. Klara hat eine ungebrochene und unbeschwerte Beziehung zu Franziskus, während Franziskus immer wieder Angst vor der Nähe Klaras bekommt. Klara kann ungebrochen lieben und hat kaum Ängste gegenüber Franziskus. Doch dessen innere Gebrochenheit, sein schweres Ringen mit sich selber und mit Gott, haben auch eine Auswirkung auf die Beziehung zu Klara. Er kann deren Nähe als Person, insbesondere aber als Frau nicht unbeschwert zulassen, sondern muß sich immer wieder von ihr abgrenzen. Doch gerade in dieser Unterschiedlichkeit, die doch immer neu mit Offenheit füreinander verbunden wird, liegt der tiefe Wert der Beziehung zwischen Franziskus und Klara. Sie ergänzen einander. Klara tritt uns entgegen wie ein strahlender Sonnentag, an dem nur einige Wölklein über den Himmel wandern, Franziskus wie ein Regenbogen, der gerade in seiner Gebrochenheit die Schönheit des Lichtes zu entfalten vermag. Beide aber leben vom Licht der Sonne, vom einen Licht Gottes, das sie in sich zu entfalten vermögen. Der Doppelname Franziskus-Klara berichtet daher vor allem vom Geheimnis der Einheit in der Gebrochenheit, von einer spannungsvollen Beziehung, die in der Dynamik des dreieinen Gottes selber ihren Ruhepol und ihre Einheit findet. Ohne die extremen Spannungen und Probleme in der Beziehung aus dem Auge zu verlieren, zeigen Franziskus und Klara, wie Einheit in Gebrochenheit in einer glaubenden Beziehung zwischen Mann und Frau gelebt werden und für die Gottesbeziehung fruchtbar gemacht werden können.

Kirche: Werkzeug des Friedens für die Welt

Franziskus wird von vielen auch als Friedensstifter, als der Friedensheilige schlechthin betrachtet. Einen großen Einfluß auf diese Sichtweise hatte ein bis heute oft Franziskus zugeschriebenes Gebet, das *Franziskanische Friedensgebet*:

O Herr, mach mich zu einem Werkzeug deines Friedens:
daß ich Liebe bringe, wo man sich haßt;
daß ich verzeihe, wo man sich beleidigt;
daß ich verbinde, wo man sich streitet;
daß ich die Wahrheit sage, wo Irrtum herrscht;
daß ich den Glauben bringe, wo der Zweifel drückt;
daß ich die Hoffnung wecke, wo Verzweiflung quält;
daß ich dein Licht anzünde, wo Finsternis regiert;
daß ich Freude mache, wo Kummer wohnt.

Herr, laß mich mehr danach trachten:
zu trösten als getröstet zu werden;
zu verstehen als verstanden zu werden;
zu lieben als geliebt zu werden.

Denn wer da hingibt, der empfängt;
wer sich selbst vergißt, der findet;
wer verzeiht, dem wird verziehen;
und wer stirbt, der erwacht zum ewigen Leben.

Gebet in: *Franziskus-Gebete,* zusammengest. u. eingel. v. Leonhard Lehmann, 2003, S. 61.

Dieses Gebet wurde vermutlich im Jahre 1912 in der Normandie verfaßt und kursiert seit seiner Veröffentlichung im *Osservatore Romano* im Jahre 1916 unter dem Titel *Le Souvenir Normand.*

Friede als Gruß

Der Einsatz für den Frieden war tatsächlich – wie heute noch die interreligiösen Friedensgebete in Assisi bezeugen – eines der wichtigen Anliegen im Leben und in der Verkündigung des Poverellos. Nicht umsonst hat sich der franziskanische Gruß „Pace e Bene!" (Frieden und Heil!) weit verbreitet. Der Gruß der Brüder, die Menschen begegnen, soll nach Franziskus immer der Friedensgruß sein: „Als Gruß, so hat mir der Herr geoffenbart, sollten wir sagen: ‚Der Herr gebe dir Frieden!'" (Testament, 23). Der Friedensgruß, den Franziskus seinen Brüdern ans Herz legt, ist also nicht nur sein persönlicher Wunsch, sondern ist durch Aussendungsrede und Bergpredigt Offenbarung des Herrn. Wenn Franziskus darum im 14. Kapitel der *Nicht bullierten Regel* davon spricht, wie die Brüder durch die Welt ziehen sollen und dabei die Aussendungsrede Jesu zitiert, fügt er gleich an: „Und wenn sie ein Haus betreten, sollen sie zuerst sagen: ‚Frieden diesem Hause!' (vgl. Lk 10,5)" (Nicht bullierte Regel, 14,2). Dieser Friedenswunsch ist verbunden mit dem grundlegenden Ideal der Gewaltlosigkeit der Minderbrüder. Da sie selbst niemanden bedrohen und bereit sind, Schläge, Verfolgung und Bedrohung von anderen auf sich zu nehmen, werden sie zu Friedensboten, ja zu einer franziskanischen Friedensbewegung in der Welt. Zahlreich sind die Zeugnisse für diese Friedensförderung in den Lebensberichten. Vom Versuch, Frieden zwischen Muslimen und Kreuzfahrern zu schaffen, wurde schon berichtet. Auch in verschiedenen Städten Italiens versuchte Franziskus, zwischen Einzelpersonen, Bürgern und Herrschern Frieden zu stiften. Die Erzählung der Zähmung eines hungrigen Wolfes, der die Bewohner von Gubbio, einer Stadt nördlich von Assisi bedrohte (Fioretti, 21), hat als ihren Hintergrund wahrscheinlich Konflikte zwischen den Menschen in der Stadt Gubbio und berichtet schließlich sogar von der Versöhnung zwischen dem Menschen und der Natur. Die aus der Geschwisterlichkeit aller Geschöpfe heraus wachsende Versöhnungsarbeit des Franzis-

Vgl. dazu WERINHARD EINHORN, *Aus den „Fioretti" des heiligen Franziskus (um 1370–1390): Franziskus und der Wolf von Gubbio*, in: *Franziskanische Stimmen*, hrsg. v. Paul Zahner, 2002, S. 79–86.

kus macht aus dem bösen, menschenfressenden Wolf einen „Bruder Wolf", der in die menschliche Gesellschaft integriert wird. Franziskus, die Einwohner von Gubbio und der Wolf schließen einen Friedensvertrag: Die Menschen geben dem Wolf genügend zu essen, dafür hört der Wolf auf, Menschen und Tieren Leid zuzufügen. Mensch und Natur sind so miteinander versöhnt. Diese Verheißung einer Versöhnung des Menschen mit der Natur ist gerade in unserer Zeit der Umweltbedrohung eine gerne hervorgehobene Tatsache im Leben des Poverellos. Der Friede zwischen Mensch und Wolf, das heißt Mensch und Schöpfung, wird nicht nur theoretisch beschrieben, sondern sehr anschaulich dargestellt:

Der Wolf von Gubbio ist ein Bild der Achtung vor und der Versöhnung des Menschen mit der Natur.

„Nach der Predigt sagte der heilige Franziskus: ‚Hört, meine Brüder! Bruder Wolf, der hier vor euch ist, hat mir versprochen und mir dieses Versprechen beglaubigt, mit euch Frieden zu machen. Er wird euch auf keinerlei Weise mehr Böses antun, wenn ihr ihm versprecht, ihm jeden Tag das zum Leben Notwendige zu geben. Ich aber will für ihn als Bürge eintreten, daß er den Friedensvertrag unverbrüchlich halten wird.' Darauf versprach das ganze Volk einstimmig, ihn regelmäßig zu verpflegen. Der heilige Franziskus sagte aber vor allen Leuten zum Wolf: ‚Und du, Bruder Wolf, versprichst du, diesen Leuten gegenüber den Friedensvertrag zu halten, indem du weder Menschen noch Tieren noch irgendeiner Kreatur Leid zufügst?' Der Wolf ging in die Knie, senkte den Kopf und bezeugte, so gut er es vermochte, mit sanften Bewegungen des Körpers, des Schwanzes und der Ohren, daß er ihnen gegenüber den ganzen Vertrag halten wolle. Der heilige Franziskus sagte: ‚Bruder Wolf, ich will, daß du mir auch jetzt vor dem ganzen Volk dieses dein Versprechen beglaubigst, wie du es mir vor dem Tor beglaubigt hast. Du sollst mich auch in meiner Bürgschaft, die ich für dich eingegangen bin, nicht betrügen.' Da hob der Wolf die rechte Tatze und legte sie in die Hand des heiligen Franziskus" (Fioretti, 21,25–30).

Verzeihen und Ertragen

Die eindrücklichste Friedensvermittlung gelang Franziskus einige Zeit vor seinem Tod von seinem Krankenlager aus, in einer Zeit also, in der er zu immer tieferem inneren Frieden fand. Nach einer Quelle *(Compilatio Assisiensis)* soll Franziskus die Friedensstrophe des Sonnengesangs für den Bischof und den Bürgermeister *(Podestà)* von Assisi geschrieben haben, die miteinander im Streit; er habe den beiden den Sonnengesang mit der neuen Versöhnungsstrophe durch zwei Brüder vorsingen lassen. Dadurch hätten die beiden mächtigsten Männer Assisis ihren Streit beigelegt und Frieden miteinander geschlossen. Der Bericht dazu berührt sehr: „Nachdem das Lob des Herrn (Sonnengesang) beendet war, sagte der Podestà vor allen: ‚Ich sage euch in Wahrheit, daß ich nicht nur dem Herrn Bischof, den ich als meinen Herrn anschauen muß, vergebe, sondern ich würde sogar dem vergeben, der meinen Bruder oder Sohn getötet hätte.‘ Und so warf er sich dem Herrn Bischof zu Füßen und sagte ihm: ‚Siehe, ich bin bereit, euch aus Liebe zu unserem Herrn Jesus Christus und seinem Knecht, dem seligen Franziskus für alles Genugtuung zu leisten, so wie es euch gefällt.‘ Der Bischof stand auf, nahm ihn mit seinen Händen auf und sagte zu ihm: ‚Wegen meinem Amt würde es mir zukommen, demütig zu sein, aber weil ich von Natur aus zum Zorn neige, ist es nötig, daß du mir verzeihst.‘ Und so umarmten sie sich mit großer Güte und Liebe und küßten sich gegenseitig“ *(Compilatio Assisiensis,* 84, übersetzt vom Autor). Daß zwei so harte „Politiker“ einander öffentlich verzeihen und sich den Friedenskuß geben, weil ihnen Franziskus das poetische Gebet des Sonnengesanges vorsingen läßt, ist ein schönes Zeichen der friedensstiftenden Kraft des Poverellos.
In der Friedensstrophe des Sonnengesanges ist denn auch in aller Kürze das Wesentliche franziskanischen Friedensdenkens enthalten:

Gelobt seist du, mein Herr,
durch jene, die verzeihen um deiner Liebe willen

und Krankheit ertragen und Drangsal.
Selig jene, die solches ertragen in Frieden,
denn von dir, Höchster, werden sie gekrönt werden.
(Sonnengesang, 8, in: Lehmann, S. 55)

Grundlegend für den Frieden ist die Bereitschaft zu verzeihen, die einem Christen dadurch geschenkt wird, daß er sich an die Liebe Gottes erinnert und aus der Kraft dieses Geliebtseins fähig wird, selbst Liebe zu schenken, selbst da, wo er vom anderen gehaßt wird. Wer aus dem Bewußtsein des Von-Gott-geliebt-Seins heraus bereit ist, Krankheiten und ungerechtfertigte Angriffe zu ertragen, fördert Frieden und Vergebung in der Welt. Wer erträgt und zum Er-Leiden bereit wird, wird so innerlich zum eigentlichen Herrscher und hält jetzt schon trotz der äußeren Ohnmacht innerlich die Macht in seinen Händen. Wer schwach und demütig zu bleiben vermag, ist stärker als der, der sich mächtig benehmen muß, weil er sich seiner inneren Schwäche nicht stellen kann. Im Himmel aber wird der schwache Friedensstifter zusammen mit dem demütigen Friedensbringer Jesus König sein.

Franziskanische Friedensbewegung

Weil viele Mächtige und Adelige in den Minderbrüderorden eintraten und das Friedensideal des Franziskus anzunehmen versuchten, und weil sich das franziskanische Gedankengut auch unter Laien rasch ausbreitete, führte die Friedenssehnsucht des Poverellos zu einer eigentlichen franziskanischen Friedensbewegung im Mittelalter. Die Regel der Pönitenten von 1289, die vor allem von franziskanischen Laiengruppierungen, dem sogenannten *Dritten Orden des heiligen Franziskus* – heute im deutschsprachigen Raum als *Franziskanische Gemeinschaft* (FG) bezeichnet – befolgt wurde, sah in ihrem 7. Kapitel ausdrücklich das Verbot vor, Angriffswaffen zu tragen:

Vgl. HERIBERT ROGGEN, *Geschichte der franziskanischen Laienbewegung*, 1971.

Konstitution „Supra Montem" Nikolaus' IV. vom 17. August 1289 … in: EGID BÖRNER, *Dritter Orden u. Bruderschaften der Franziskaner in Kurbayern*, 1988, S. 433–438.

„Angriffswaffen sollen die Brüder nicht bei sich tragen, außer zur Verteidigung der Römischen Kirche, des christlichen Glaubens und ihres Vaterlandes oder mit Erlaubnis ihrer Minister." Trotz der Dispensmöglichkeiten, die auf legitime Verteidigung abzielen, hat diese Bestimmung, der viele Tausende von Männern des Dritten Ordens folgten, zu einem starken Rückgang privater und staatlicher Gewalt geführt. Wer keine Waffe griffbereit hat und nur in besonderen Situationen eine tragen darf, übt auf jeden Fall weniger Gewalt aus als waffenstrotzende Machthaber. So wurde versucht, das franziskanische Ideal der Gewaltlosigkeit auch in einer gewaltbereiten Gesellschaft konkret umzusetzen.

Geschwisterlichkeit schafft Frieden

Die Friedensidee hängt bei Franziskus aber nicht in der Luft, sondern hat ihren tiefen Grund in der Schaffung menschlicher Gemeinschaft durch Gottes liebendes Wirken. Der eine Vater im Himmel hat nach Franziskus alle Menschen und alle Geschöpfe der Welt als Brüder und Schwestern geschaffen. Auch wenn alle Lebewesen und Menschen sehr verschieden aussehen und sind, so sind sie doch Geschöpfe, Kinder des einen Vaters im Himmel. Das macht sie alle gleich wertvoll. Konflikte und Kriege unter Menschen sind daher letztlich immer die Folge der Abwertung eines anderen, der massiven Überhebung des eigenen Ichs gegenüber den anderen oder der persönlichen Aneignung von Gütern und Einfluß, weil sich eine Person als wichtiger fühlt als alle anderen. Wenn eine Gemeinschaft anzunehmen lernt, daß sie eine durch Gott miteinander versöhnte Gemeinschaft von gleichwertigen Schwestern und Brüdern ist und darum in Frieden und ohne Machtgerangel leben lernt, wird sie eine zutiefst christliche Gemeinschaft. Sie versucht dem eingeborenen Sohn Gottes Jesus Christus zu folgen, der die zerstörte, friedliche Gemeinschaft zwischen Brüdern und Schwestern wiederstellte, indem er sich selber zum Kleinsten aller Brüder gemacht hat. Dieses Ideal einer Gemeinschaft in versöhnter Verschiedenheit, die im tiefsten schon von Jesus geschenkt ist und die ihr Vorbild und ihre eigentliche Verwirklichung in der Gemeinschaft des dreieinen Gottes hat, ist die Grundidee franziskanischen Lebens. Letztlich aber auch das franziskanische Verständnis von Kirche schlechthin. Auch wenn es für Franziskus außer Frage steht, daß es in der Kirche besondere Ämter und Verantwortungen gibt, weil das im Leib Christi geschenkte Heil auch über den Leib von Menschen weitergeschenkt werden muß, so ist für ihn doch das Fundament kirchlicher Gemeinschaft die grundlegende Gleichheit zwischen Brüdern und Schwestern, die alle Kinder des einen Vaters im Himmel sind. Alle Verantwortlichen in der Kirche und im Minderbrüderorden sind für ihn darum nicht „Obere" *(Prior;* vgl. Nicht bullierte Regel, 6,3), sondern „Diener" *(Minister).* Wenn einer dem anderen in der Kirche zu dienen beginnt, weil er ein Kind Gottes ist, wird Friede, und wird die Kirche selber zu einem Werkzeug des Friedens für die Welt. Nach dem Verständnis des Franziskus steht die Kirche von ihrem Wesen her im Dienste der Menschen, ist Dienerin aller Brüder und Schwestern, die in der Welt leben und versucht von unten, vom Dienst der Fußwaschung her, die Menschen zum Frieden und zu ihrer eigenen Würde hinzuführen. Das Amt, der Dienst in der Gemeinschaft und in der Kirche, ist darum letztlich der Dienst der Fußwaschung an den Brüdern und Schwestern. Glücklich der, dem das unangenehme Amt der Fußwaschung entzogen wird (vgl. Ermahnungen, 4). „Und kein Minister oder Prediger soll sich das Amt des Ministers der Brüder oder das der Predigt aneignen, sondern zu jeder Stunde, wenn es ihm befohlen wird, soll er ohne jeden Widerspruch auf sein Amt verzichten" (Nicht bullierte Regel, 17,4).

Gehorsam in Liebe

Neben der schon angesprochenen Jungfräulichkeit ist der „Gehorsam" eines der negativen Reizwörter unserer Zeit. Er stellt sich dem unbändigen Freiheits- und Unabhängigkeitsbedürfnis

des modernen Menschen entgegegen und gilt als Inbegriff von „veraltet". Für Franziskus aber ist der Gehorsam eine der Leitplanken seines Lebens. So provoziert er denn sehr gerne:
„Als der selige Franziskus ein andermal mit seinen Gefährten beisammensaß, seufzte er auf und sagte etwa Folgendes: ‚Kaum ein Ordensmann ist auf der ganzen Welt, der seinem Oberen vollkommen gehorsam ist.' Bewegt sprachen seine Gefährten zu ihm: ‚Sag uns, Vater, welches der vollkommene und höchste Gehorsam sei!' Da gab jener zur Antwort, indem er den wahrhaft gehorsamen Ordensmann unter dem Bilde eines Leichnams beschrieb: ‚Nimm den entseelten Körper und lege ihn, wohin du willst; du wirst sehen, er leistet keinen Widerstand gegen die Bewegung, er murrt nicht wider seine Lage, er widerspricht nicht, wenn man ihn liegen läßt. Setzt man ihn auf einen Thron, so richtet er den Blick nicht nach oben, sondern nach unten. Kleidet man ihn in Purpur, so erscheint er doppelt bleich. Das ist der wahrhaft Gehorsame. Er forscht nicht, warum er geschickt wird; er kümmert sich nicht darum, an welchen Platz er gestellt wird; er besteht nicht darauf, daß er versetzt werde. Wird er zu einem Amt befördert, bewahrt er seine gewohnte Demut. Je mehr er geehrt wird, um so unwürdiger erachtet er sich'" (2 Celano, 152).
Für Eugen Drewermann ist diese Erzählung in seinem Buch *Kleriker. Psychogramm eines Ideals* (3. Aufl. 1989, S. 464 ff.) Anlaß, Franziskus als Musterbeispiel einer unfrei- und abhängigmachenden kirchlichen Gehorsamsmoral darzustellen. Der Poverello selber aber findet im Gehorsam offensichtlich wirkliche Freiheit in der Liebe Gottes. Wichtig ist es, die Geschichte vom „Kadavergehorsam" als schlichte Provokation zu lesen, eben gerade so, wie sie auf das erste Hören wirkt. Franziskus will nicht sagen, daß Menschen, die sich in den Gehorsam gegenüber den Ministern der Bruderschaft hineinstellen, wie tot sein sollen und keine Eigeninitiative mehr entwickeln dürfen. Das ist nicht die Vergleichsebene der Erzählung. Der Poverello spricht von einem Menschen, der ganz sich selber geworden ist, weil er ganz auf das liebende Wort Gottes zu lauschen vermag. Der Mensch, der auf einem Thron sitzt und

in Purpur gekleidet ist, der viel Macht, Ansehen und Einfluß hat, ist nicht besser und bedeutender als irgendein anderer Mensch. Er ist geliebter Sohn oder geliebte Tochter Gottes. Das macht seine Würde aus. Der Bezug zu Gott, die horchende Ausrichtung auf Gott hin, läßt den Menschen zu dem werden, was er in Wirklichkeit ist. Wahre menschliche Freiheit besteht darin, die Liebe Gottes genießen zu dürfen und nicht groß und bedeutungsvoll erscheinen zu müssen. Wer wie Adam und Eva in der biblischen Sündenfallerzählung die Freiheit in der Abgrenzung von Gott bei sich selbst sucht, wird zum Sklaven seiner selbst und dreht sich unfrei um sich selbst. Allein Freiheit im Gehorsam gegenüber Gott löst die krampfhafte Selbstverfallenheit auf und schenkt dem Leben Raum. So schreibt Franziskus in der zweiten seiner *Ermahnungen:*
„Der Herr hat zu Adam gesagt: ‚Von jedem Baum darfst du essen, aber von dem Baum des Guten und Bösen sollst du nicht essen' (vgl. Gen 2,16.17). Von jedem Baum des Paradieses konnte er essen; denn solange er nicht gegen den Gehorsam verstieß, sündigte er nicht. Jener nämlich ißt von dem Baum der Erkenntnis des Guten, der seinen Willen als sein Eigentum beansprucht und sich mit dem Guten brüstet, das der Herr in ihm spricht und wirkt. Und so ist aus der Einflüsterung des Teufels und der Übertretung des Gebotes der Apfel der Erkenntnis des Bösen geworden. Daher muß er Strafe erdulden."
Franziskus kennt die Illusion von Freiheit und Größe, der sich die Menschen gerne hingeben, wenn sie Gutes tun und Erfolg haben. Er weiß aber auch aus seiner Jugend, wie schnell Erfolg wieder zu Ende ist, und welche Bitterkeit dann in Menschen zurückbleibt, die ihr Selbstwertgefühl einzig aus ihrem Erfolg bezogen haben. Wer den Erfolg seines Tuns, das Gute, das er bewirkt, wieder Gott zurückschenkt und bereit ist, geliebte Tochter oder geliebter Sohn des Vaters im Himmel zu sein, erlebt die tiefste Freiheit, die es gibt. Eine Freiheit, die tiefer liegt als das Hin und Her der wechselnden eigenen Wünsche, deren Erfüllung nur ein momentanes Gefühl von Freiheit gibt. Unsere moderne Wohlstandsgesellschaft bezeugt: Wehe dem Menschen, dem alle Wünsche in Erfüllung gegangen sind. Er

wird zutiefst unglücklich sein und krampfhaft neue Wünsche entwickeln müssen. Erst der „von Liebe getragene Gehorsam" (Ermahnungen, 3,6) führt in die wahre Freiheit.
Ergänzend zu der Auffassung, daß sich der Minderbruder von ganzem Herzen in den Gehorsam gegenüber der Gemeinschaft und dem verantwortlichen Minister hineingeben soll, setzt Franziskus dem Gehorsam der Ordensleute aber auch klare Grenzen: „Daher gebiete ich ihnen (den Brüdern) streng, daß sie ihren Ministern in allem gehorchen, was sie zu halten dem Herrn versprochen haben und was nicht ihrer Seele und unserer Regel zuwider ist" (Bullierte Regel, 10,3). Die Grenzen des Gehorsams sind also immer das Gewissen des einzelnen Bruders und die in der Regel formulierte gemeinsame Lebensform. Es braucht solche Grenzen, weil die Minister der Bruderschaft auf besondere Art und Weise gefährdet sind, sich und ihren Eigenwillen wichtiger zu nehmen als das Horchen auf Gott. Schon die zitierte Erzählung vom „Kadavergehorsam" macht darauf aufmerksam, wenn sie von der Demut des „Leichnams" spricht, die dieser auch beibehält, wenn er zu einem Amt befördert wird. Die Mahnungen an die Minister der Gemeinschaften sind denn auch zahlreich:
„‚Ich bin nicht gekommen, mich bedienen zu lassen, sondern um zu dienen' (Mt 20,28), sagt der Herr.
Jene, die über andere gesetzt worden sind, sollen sich nur so dieses Oberenamtes rühmen, wie sie es tun würden, wenn sie zum Dienst der Fußwaschung an den Brüdern bestimmt worden wären. Und je mehr sie über den Entzug des Oberenamtes stärker in Aufregung versetzt werden als über das Amt der Fußwaschung, umso mehr häufen sie sich Reichtümer an als Gefahr für die Seele" (Ermahnungen, 4).
Ein Minister, ein „Chef", wie wir ihn heute entgegen dem Sprachgebrauch von Franziskus gerne nennen würden, erkennt dann, wenn ihm das Oberenamt entzogen wird, in besonderer Weise, ob er den Menschen dienen wollte oder ob er mit seinem Amt vor allem sein „Ego" zu stärken versuchte. Wer sein Amt gelassen und ohne Aufregung abgeben kann, will dienen und nicht herrschen. Er ist innerlich arm und ist

selber so gehorsam, wie er von Amts wegen von anderen Gehorsam verlangen muß.

Gottesbegegnung in Einsamkeit und Gemeinschaft

Schon öfters wurde davon berichtet, daß sich Franziskus immer wieder und manchmal auch für längere Zeiten in die Einsamkeit zurückzog, um sich ganz dem Gebet und der Gottesbegegnung zu widmen. Das Gebet und seine tiefere Form, die *Kontemplation* (Beschauung) waren Franziskus sehr wichtig, sozusagen Quell- und Zielpunkte seines Lebens. Obwohl oder gerade weil seine Gedanken und Äußerungen schlicht und einfach sind, ist der Poverello einer der großen Mystiker des Christentums, der im Gebet und in der Stille tiefe Erfahrungen mit Gott machen durfte.

Kontemplation: Gebetsform, in der das aktive Tun immer mehr zurücktritt und das schweigende Hören und Gott-wirken-Lassen zunehmend in den Vordergrund tritt, so daß Wandlung durch Gottes Nähe geschieht.

In seiner Gebetshaltung kann ein *Dreischritt* entdeckt werden, wie er etwa im *Brief an den Orden* (34–36) zum Ausdruck kommt. (1) Franziskus spricht zuerst von einem *Hören* auf Gottes Wort (V. 34). Darin geschieht ein erstes Aufmerken und Bereitwerden für die Begegnung mit dem lebendigen Gott. Diese Bereitung ist wichtig, um von Gott auch wirklich angesprochen werden zu können und fähig zu werden, die Zuneigung Gottes anzunehmen. (2) In einem weiteren Schritt ist es wichtig, das Wort Gottes so zu *bewahren* (V. 34: *custodire),* daß es nicht nur oberflächlich gehört wird, sondern daß die Größe der göttlichen Liebe in die Tiefen und Abgründe des menschlichen Herzens eindringen kann. Dazu braucht es einen Raum des Schutzes und der Bewahrung. (3) Schließlich soll das Wort Gottes, die göttliche Gegenwart im eigenen Herzen *geehrt* werden (V. 36: *venerare),* damit ein innerer Dialog zwischen Mensch und Gott anhebt und der Mensch geheiligt wird, das heißt seine tiefste, heilige Menschenwürde im intimen Gespräch mit seinem Schöpfer erneuert wird.

Dreischritt der Kontemplation: hören – bewahren – ehren.

Dieser dritte Schritt, in dem Gott der eigentlich Wirkende wird, in dem Wandlung geschieht, ist wichtig. Erst dieser Schritt ist wirklich mystisch-kontemplativ. Das eigene Tun, das letztlich nur Vorbereitung auf das göttliche Wirken ist, beginnt zurückzutreten und Gottes wandelnde Kraft ergreift den Menschen. Der Mensch läßt das Begreifenwollen immer mehr los und wird von Gott ergriffen. Er fragt nicht nur nach Gott und spricht zu Gott, sondern er läßt sich von diesem auch anrufen und ansprechen. Der Mensch schaut nicht nur Gott an und betrachtet ihn, sondern er läßt sich von Gott liebend anschauen und betrachten. Erst jetzt kommt es zu einer wirklich persönlich-intimen Beziehung zwischen Gott und Mensch, und der Mensch wird im Blick und im Anruf des dreieinen Gottes wirklich zu dem, was er eigentlich ist und sein darf: zu einem intimen Freund oder einer Freundin Gottes. Franziskus erlebt diese atemberaubende Nähe Gottes in besonderer Weise auf dem Berg La Verna.

Die Kontemplation war Franziskus so wichtig und wesentlich, daß er sich oft die Frage stellte, ob er sich nicht ganz in die Stille und das beschauliche Leben in einer Einsiedelei zurückziehen soll:

„Als echter Minderbruder schämte er sich nicht, von Einfältigen selbst in minder wichtigen Dingen Rat zu erfragen, obwohl der höchste Meister ihn gar so große Dinge gelehrt hatte. Mit besonderem Eifer suchte er zu erfahren, auf welchem Wege und in welcher Weise er Gott zu seinem Wohlgefallen vollkommen dienen könne. Dies war zeitlebens seine höchste Weisheit, dies sein höchstes Verlangen, Weise und Einfältige und Vollkommene und Unvollkommene, Kleine und Große um ihren Rat zu fragen, wie er zu höherer Tugend und zum Gipfel der Vollkommenheit gelangen könne.

Daher rief er zwei seiner Brüder zu sich und sandte sie zu Bruder Silvester, der aus seinem Munde ein Kreuz hatte hervorgehen sehen und der damals auf dem Berge oberhalb Assisis in ständigem Gebete verweilte; er solle Gottes Antwort in seiner Gewissensfrage erforschen und sie ihm im Namen Gottes mitteilen. Den gleichen Auftrag gab er auch der heiligen

Jungfrau Klara, sie möge mit den anderen Schwestern beten und durch eine besonders reine und einfältige Schwester, die unter ihrem Gehorsam stand, darüber den Willen des Herrn erforschen. Wie durch ein Wunder stimmten der ehrwürdige Priester und die gottgeweihte Jungfrau, denen der Heilige Geist Gottes Willen kundtat, darüber überein, es gefalle Gott, daß er als Herold Christi zum Predigen ausziehe.
Die Brüder kehrten also zurück und teilten ihm den Willen Gottes mit, wie er ihnen kundgetan war. Sogleich stand Franziskus auf, umgürtete sich und machte sich unverzüglich auf den Weg. Er ging mit solchem Eifer daran, Gottes Auftrag zu erfüllen, und schritt so rüstig aus, als wäre die Hand des Herrn über ihn gekommen und als hätte er neue Kraft vom Himmel empfangen" (Legenda Maior, 12,2; vgl. auch Fioretti, 16).
Franziskus vertraut die Entscheidung, ob er sich ganz ins Gebet zurückziehen darf, einem Bruder und einer Schwester an und löst sich so vom Kreisen um die eigenen Überlegungen. Daß er allerdings zwei kontemplativ Lebende befragt, deutet darauf hin, daß er von ihnen gerne eine Ermutigung zum Rückzug in eine Einsiedelei bekommen möchte. Die aus dem Gebet heraus wachsende Antwort sendet Franziskus wieder zurück zu den Menschen und zur Verkündigung des Evangeliums. Und doch bleiben das Gebet und die Kontemplation für ihn das Herz der Sendung und der Zielpunkt aller missionarischen Sehnsucht. Franziskanisches Leben vollzieht sich somit immer in der Spannung zwischen der Kontemplation der göttlichen Liebe und der Sendung zu den Menschen. Zeiten der Sammlung in der Beziehung zu Gott wechseln mit Momenten der Sendung zu den Menschen hin und bilden so ein fruchtbares Spiel von Kontemplation und Aktion.

Verwandlung auf dem Berg La Verna

Nach dem Durchgang durch verschiedene Lebensstationen und durch die grundlegenden Aspekte des Lebens des hl. Franziskus soll noch einmal sein tiefstes Gotteserlebnis betrachtet werden: die Stigmatisierung. Für diese Verständnis aufzubringen, ist für heutige Menschen meist schwer. Nach der Betrachtung des Lebens und der Grundanliegen des Poverellos sollte aber ein erstes Verstehen dieses mystischen Ereignisses der Stigmatisierung möglich werden. Dabei müssen zuerst die beiden häufigsten *Mißverständnisse* ausgeräumt werden.

Vgl. Paolo M. Marianeschi, *La stimmatizzazione somatica. Fenomeno e segno*, Rom 2000.

1. *Ein rein naturwissenschaftlicher Blick auf die Stigmatisierung* hält sich an der bloßen Oberfläche auf und streitet um die Frage, ob und wenn ja aus welchem Grund Franziskus an seinem Körper die Stigmata trug. Die Antworten auf diese Frage behaupten dann entweder, daß alles ein unbewiesener Betrug gewesen sei, oder daß Franziskus sich selbst habe kreuzigen lassen („Selbststigmatisation"), und durch einen ungeschickten Unfall die Nägel nicht mehr aus seinem Körper hätten entfernt werden können (Christoph Daxelmüller); oder es wird versucht, die psychische Kraft der Einbildung als einzigen Grund der real verstandenen Stigmatisierung darzustellen (psychologische Erklärung). Doch an der historischen Tatsache der Stigmatisierung kann nicht seriös gezweifelt werden, da die Quellen zu klar sind. Eine Selbstkreuzigung anzunehmen, ist eine bloße Spekulation, die eher kriminologisches Interesse zeigt denn wissenschaftlichen Umgang mit geschichtlichen Quellen. Wer bloß die Einbildungskraft als Erklärung für die geschichtliche Tatsache bemüht, geht wohl einfach von der Annahme aus, daß eine psychologische Erklärung ein religiöses Phänomen grundsätzlich

„Kriminologie" der Stigmatisierung: Christoph Daxelmüller, *„Süße Nägel der Passion". Die Geschichte der Selbstkreuzigung von Franziskus von Assisi bis heute*, 2001, S. 101–117.

hinreichend zu erklären vermag. Wer annimmt, daß eine leibliche Begegnung mit dem lebendigen Gott, wie sie die „Menschwerdungsreligion“ des Christentums annimmt, nicht sein kann, muß die Stigmatisierung eben anders deuten, nämlich nicht so, wie sie *vermutlich* Franziskus selbst, *sicher* aber die vorliegenden Quellen deuten. Eine bloß naturwissenschaftliche Deutung, die den lebendigen Gott nicht für eine in der Welt tätige Wirklichkeit hält (Ansatz des *Deismus), kann* das Phänomen der Stigmatisierung nur natürlich erklären, da sie davon ausgeht, daß Gott und leibliche Welt zwei völlig getrennte Wirklichkeiten sind, die nur von ihrem Ursprung her, nicht aber in der Gegenwart etwas miteinander zu tun haben.

2. *Eine esoterische Deutung der Stigmatisierung,* wie sie etwa Helmut Feld gibt, vermischt andererseits die menschliche Seite des Kaufmannssohnes aus Assisi mit dem Wirken Gottes und unterscheidet beides nicht mehr voneinander. Die Stigmatisierung wird dabei zu einem Prozeß der Vergeistigung, in dem das Materielle überwunden wird, um dem Geistigen, der Engelsnatur des Seraphen, Raum zu schaffen. Das geschichtlich-materielle Geschehen wird so letztlich unwichtig und das Verblüffend-Aufrüttelnde der Stigmatas wird zum normalen Entwicklungsschritt auf dem Weg zu einer höheren Bewußtseinsstufe. Die anstößige Materialität und Leiblichkeit der Wundmale wird dadurch negiert, und die menschlichen Probleme des Franziskus werden in dieses geheimnisvolle Geschehen nicht hineingenommen oder in ihm verwandelt, sondern schlichtwegs überwunden. Der Geist siegt über die Materie. Das Stigmatisierungsgeschehen ist nur noch Erkenntnisfortschritt, Fortschritt an *Gnosis.*

HELMUT FELD, *Franziskus von Assisi,* 2001, S. 69–76.

Gottesbegegnung in den Wunden

Ein Blick zurück auf das Leben des Franziskus zeigt, daß viele der beschriebenen Züge des Heiligen in der Stigmatisierung wiederkehren, beziehungsweise eine Vertiefung und

Weiterführung finden. Seine natürliche Art, sich auszudrücken und darzustellen, ereignet sich in der Stigmatisierung bei Franziskus nochmals auf ganz andere Weise. Nicht er selbst stellt sich in seinem Leib und in seinen Kleidern auf – doch letztlich immer – mehr oder weniger narzißtische Weise dar, sondern Jesus Christus drückt sich im nackten Leib des Franziskus aus, indem er ihm die Wunden seines Leibes eindrückt. Dadurch werden die zahlreichen und tiefen Wunden des Poverellos – starke Schuldgefühle, Probleme in der Beziehung zu Frauen, oft tief empfundene Distanz zu Gott – hineingenommen in die Wunden des Gekreuzigten und so zu Wunden der Liebe. Wie in Greccio die Fleischwerdung Gottes in Bethlehem von Franziskus möglichst leiblich greifbar dargestellt wurde, so wird auf dem Berg La Verna der Gekreuzigte für Franziskus leibhaftig erfahrbar. Franziskus begegnet dem fleischgewordenen Gott in seinem eigenen Leib. Der Glaube an Christus ist so für den Poverello immer weniger ein Gedanke oder eine Idee und immer mehr leibliche Wirklichkeit mitten in der Welt, ja selbst in seinem eigenen Leibe. Auch zwischen der von Franziskus so sehr geliebten Eucharistie und der Stigmatisierung läßt sich eine – von den Texten nicht gezogene – Verbindung sehen: Der leiblich in der Eucharistie gegenwärtige Herr verwandelt durch die Berührung und die Kommunion des sakramentalen Leibes Christi Franziskus so sehr, daß dieser in den Stigmata zu einem leibhaften Abbild, zu einem Spiegelbild des Gekreuzigten wird. So erlebt Franziskus die Verwandlung durch Christus und in die Gemeinschaft mit Christus hinein, die letztes Ziel allen christlichen Lebens ist, an sich selbst leibhaft. Wie Gott durch die Menschwerdung im Fleisch Jesu und durch sein körperliches Leiden am Kreuz der Menschheit die Erlösung schenkt, so erfährt Franziskus in den Stigmata leibhaftig die Erlösung und die liebende Annahme durch den dreieinen Gott. Der Abgrund der Dunkelheit, der in Franziskus immer wieder auftaucht, wird dadurch nicht aus der Begegnung mit Gott herausgenommen, sondern wird in die Berührung mit Gott hineingenommen und von ihr verwandelt. Abgrund und Schwäche bleiben. Der Stigmatisierte kann wegen der Wunden an den Füßen kaum mehr stehen oder gehen und kann in seinen Händen nichts mehr wirklich festhalten. Und doch lebt in ihm eine innere Kraft, die andere bis heute in ihren Bann ziehen kann. Im Durchgang durch die eigene Schwäche wird der Heilige geboren. In den Stigmata erlebt Franziskus, daß es gerade seine leibliche und seine innere Schwäche ist, die dem Wirken Gottes Raum verschafft und ihn in das Geheimnis der Wandlung einführt. Hier wird die sehnsüchtige Suche nach Gott und das gelegentlich verzweifelte Ringen mit ihm für den Poverello zu einer *mystischen* Erfahrung. Nun zählt nicht mehr seine Suche nach Gott, die auch nach der Stigmatisierung noch weitergehen wird, sondern die leibhafte Erfahrung, von Gott gefunden und berührt worden zu sein. Durch das Wirken Gottes ist sein Leben verwandelt. Doch schweigen wir nun über das, wovon Franziskus selber nie gesprochen hat.

Die Stigmatisierung als Leitbild des franziskanischen Weges zu Gott: BONAVENTURA, *Der Pilgerweg des Menschen zu Gott.* übers. u. erl. v. Marianne Schlosser, 2. Aufl. 2010.

Zurück ins eigene Leben

Es ist „eine große Schmach für uns Knechte Gottes, daß die Heiligen Taten vollbracht haben und wir Ruhm und Ehre erhalten wollen, wenn wir davon berichten“ (Ermahnungen, 6,3). Mit Franz von Assisi wird man nie fertig. Wenn alles gesagt ist, was man gerne über ihn sagen möchte, fragt er zurück:

„Und wie lebst Du das, von dem Du geschrieben hast?“ – „Lieber Franz, ich wollte eigentlich nur ganz allgemein und grundsätzlich von Dir reden. Und daß Du recht hast, daß die Gläubigen Werkzeuge des Friedens für die Welt sein sollen, daß wir Gott im Nachgehen unserer eigenen Sehnsucht, das heißt im Gebet suchen sollen, daß wir alle gleichwertige Brüder und Schwestern sein sollen, daß …“ – „Ich will nicht wissen, was man sollte. Die Welt ist voll von Menschen, die Bücher darüber schreiben, was man alles tun sollte, und andere darüber belehren, was nun endlich einmal getan werden müßte. Ich will wissen, was Du tust und was Du bist.“ – „Die weltweite franziskanische Bewegung ist in tausend Projekten engagiert: viele internationale Studienzentren, Leben unter den Obdachlosen Westeuropas, Proteste vor Atomwaffenbasen in Nordamerika, kontemplatives Leben der Klarissen in allen Teilen der Welt, eine interfranziskanische Nichtregierungsorganisation bei der UNO *(Franciscans International),* Dialog mit dem Islam in Pakistan, Entwicklungshilfe in Afrika …“ – „Ich will nicht wissen, was die anderen tun. Was tust Du? Wo stehst Du? Wer bist Du?“ – „Äh …“

Die Franziskanische Bewegung, hrsg. v. Horst von der Bey u. Johannes-Baptist Freyer, Bd. 2: *Weltweites Engagement heute,* 1996.

Das ist das Verflixte in der Auseinandersetzung mit Franziskus: Er spricht immer mich an, und läßt mich nicht unverbindlich schwärmen. Er will das Ganze. Er will alles. Wer sich auf ihn einläßt, wird gepackt und ergriffen vom Evangelium, vom lebendigen Herrn. Franziskus läßt nicht locker:

„Laßt uns alle ‚aus ganzem Herzen, aus ganzer Seele, aus ganzer Gesinnung, aus aller Kraft (vgl. Mk 12,30) und Stärke, mit

ganzem Verstand (vgl. Mk 12,33), mit allen Kräften' (vgl. Lk 10,27), mit ganzer Anstrengung, mit ganzer Zuneigung, mit unserem ganzen Inneren, mit allen Wünschen und aller Willenskraft ‚Gott den Herrn' (Mk 12,30 par.) lieben, der uns allen den ganzen Leib, die ganze Seele und das ganze Leben geschenkt hat und schenkt, der uns erschaffen hat, erlöst hat und uns einzig durch sein Erbarmen retten wird (vgl. Tob 13,5), der uns Elenden und Armseligen, Üblen und Verweslichen, Undankbaren und Bösen alles Gute erwiesen hat und erweist.
Nichts anderes wollen wir darum ersehnen, nichts anderes wollen, nichts anderes soll uns gefallen und erfreuen als unser Schöpfer und Erlöser und Retter, der alleinige wahre Gott, der ist die Fülle des Guten, alles Gute, das gesamte Gute, das wahre und höchste Gut, der allein gut ist (vgl. Lk 18,19), gnädig, gütig, milde und freundlich, der allein heilig ist, gerecht, wahr, heilig und einfach, der allein gütig, uneigennützig, rein ist, von dem und durch den und in dem alle Vergebung, alle Gnade, alle Herrlichkeit für alle Büßer und Gerechten, für alle Glückseligen, die sich im Himmel mitfreuen, herkommt.
Nichts also soll (uns) hindern, nichts trennen, nichts dazwischenkommen. Überall, an jedem Ort, zu jeder Stunde und zu jeder Zeit, täglich und unablässig wollen wir alle wahrhaft und demütig an ihn glauben und an ihm im Herzen festhalten und ihn lieben, ehren, anbeten, ihm dienen, ihn loben und benedeien, verherrlichen und hoch erheben, ihn preisen und ihm Dank erweisen, dem erhabensten und höchsten ewigen Gott, der Dreifaltigkeit und Einheit, dem Vater und dem Sohn und dem Heiligen Geist, dem Schöpfer von allem und dem Retter aller, die an ihn glauben und auf ihn hoffen und ihn lieben, der ohne Anfang und ohne Ende ist, unveränderlich, unsichtbar, unbeschreiblich, unaussprechlich, unbegreiflich, unerforschlich (vgl. Röm 11,33), gepriesen, lobwürdig, ruhmreich, hocherhoben (vgl. Dan 3,52), erhaben, groß, milde, liebenswert, Freude bereitend und gar über alles zu ersehnenswert in Ewigkeit. Amen" (Nicht bullierte Regel, 23,8–11).

Quellen zum Leben des Franziskus

In Klammern hinter den hier verwendeten Kurztiteln die in der wissenschaftlichen Franziskusliteratur verwendeten Abkürzungen.

In lateinischer Sprache:

Fontes Franciscani, hrsg. v. Enrico Menestò u. Stefano Brufani, 1995 (Schriften des Franziskus und Legenden zu seinem Leben).

Die Opuscula des hl. Franziskus von Assisi, hrsg. v. Kajetan Esser, neue textkrit., erw. u. verb. Edition von Engelbert Grau, 2. Aufl. 1989.

In deutscher Übersetzung:

Die Schriften des Franziskus von Assisi, hrsg. v. Engelbert Grau, 10. Aufl. 2001.

Das Erbe eines Armen. Franziskus-Schriften, hrsg. v. Leonhard Lehmann, 2. überarb. Aufl. (1. Aufl. 1999: *Das Testament eines Armen)* 2003 (Kurztitel = **Lehmann**).

In dieser Taschenbuchausgabe finden sich folgende Schriften des hl. Franz von Assisi:

Bullierte Regel, S. 119 ff. (Kurztitel = **Bullierte Regel**) (BR);

Ermahnungen, S. 59 ff. (Kurztitel = **Ermahnungen**) (Erm);

Erster Brief an die Gläubigen, S. 158 ff. (Kurztitel = **1. Gläubigenbrief**) (1 Gl);

Zweiter Brief an die Gläubigen, S. 163 ff. (Kurztitel = **2. Gläubigenbrief**) (2 Gl);

Brief an die Kleriker, S. 155 ff. (Kurztitel = **Klerikerbrief**) (Kler)

Erster Brief an die Kustoden, S. 142 ff. (Kurztitel = **1. Kustodenbrief**) (1 Kust);

Zweiter Brief an die Kustoden, S. 144 ff. (Kurztitel = **2. Kustodenbrief**) (2 Kust);

Brief an die Lenker der Völker, S. 175 ff. (Kurztitel = **Lenkerbrief**) (Lenk);

Nicht bullierte Regel, S. 85 ff. (Kurztitel = **Nicht bullierte Regel**) (NbR);

Offizium vom Leiden des Herrn, S. 20 ff. (Off);

Brief an alle Brüder oder an den gesamten Orden, S. 146 ff. (Kurztitel = **Ordensbrief**) (Ord);

Sonnengesang, S. 52 ff. (Kurztitel = **Sonnengesang**) (Sonn);

Das große Testament, S. 74 ff. (Kurztitel = **Testament**) (Test).

Die Fioretti. Legenden über Franziskus und seine Gefährten, hrsg. v. Johannes Schneider, 2002 (Kurztitel = **Fioretti**) (Fior).

Wichtige Quellen sind mit ausführlichen Einleitungen in den „Franziskanischen Quellenschriften" erschienen:

Bd. 5: Thomas von Celano, *Leben und Wunder des heiligen Franziskus von Assisi,* 3. Aufl. 1980. (Kurztitel = **1** u. **2 Celano**) (1 u. 2 C);

Bd. 7: Bonaventura, *Franziskus – Engel des sechsten Siegels,* 1962. (Kurztitel = **Legenda Maior**) (LM);

Bd. 8: *Die Dreigefährtenlegende des heiligen Franziskus und der Anonymus Perusinus,* 1972. (Kurztitel = **Dreigefährtenlegende**) (Gef);

Franziskus Quellen. Die Schriften des heiligen Franziskus, Lebensbeschreibungen, Chroniken und Zeugnisse über ihn und seinen Orden, hrsg. v. Dieter Berg u. Leonhard Lehmann, 2009 (deutschsprachiges Standard-Quellenwerk mit allen wichtigen Schriften über Franziskus aus dem 13. und 14. Jahrhundert).

Die wissenschaftliche Zeitschrift *Wissenschaft und Weisheit* (WiWei) enthält, wie ihr Untertitel besagt, *Franziskanische Studien zu Theologie, Philosophie und Geschichte.*

Über Franziskus und seine Bewegung

Einführungen in das Leben des Franziskus:

Niklaus Kuster, *Franz von Assisi. Meister der Spiritualität,* 2002. Neu bearbeitete Zweitauflage: Niklaus Kuster, *Franziskus. Rebell und Heiliger,* 2009 (eine leicht lesbare, historisch fundierte Einführung).

Raoul Manselli, *Franziskus – der solidarische Bruder. Eine historische Biographie,* (1989) 1995 (stellt Franziskus umfassend vor dem Hintergrund seiner Zeit dar).

Anton Rotzetter / Willibrord-Christian van Dijk / Thadée Matura, *Franz von Assisi. Ein Anfang und was davon bleibt,* (1981) 1999 (ein einführender Kurs zur franziskanischen Spiritualität).

Weitere Literatur zu Franziskus:

Jan Hoeberichts, *Der Feuerwandler. Franziskus und der Islam,* 2001.

Leonhard Lehmann, *Franziskus – Meister des Gebets. Eine Einführung,* 2007.

Martina Kreidler-Kos u. Niklaus Kuster, *Christus auf Augenhöhe. Das Kreuz von San Damiano,* 2008 (eine Hinführung zum Kreuzesbild von San Damiano).

ANTON ROTZETTER, *Klara und Franziskus. Bilder einer Freundschaft,* 2011 (enthält die Legenden von Franziskus und Klara).

Franziskanische Geschichte und Spiritualität:

THÉOPHILE DESBONNETS, Assisi. *Auf den Spuren des heiligen Franziskus,* Schwyz 3. Aufl. 1986 (mit den Quellentexten zu den einzelnen Orten in Assisi).

LÀZARAO IRIARTE, *Der Franziskusorden. Handbuch der franziskanischen Ordensgeschichte,* 1984 (eine fundierte Einführung in die Geschichte der franziskanischen Orden).

MARTINA KREIDLER-KOS, *Das Leben der Klara von Assisi. Sei gepriesen, weil du mich erschaffen hast,* 2003 (eine kurze Darstellung des Lebens der hl. Klara).

Leben und Schriften der heiligen Klara von Assisi, hrsg. v. Marianne Schlosser u. Engelbert Grau), 8. Aufl. 2001 (Kurztitel = **Klara-Schriften**) (enthält die Quellentexte zum Leben der hl. Klara).

Inspirierte Freiheit. 800 Jahre Franziskus und seine Bewegung, hrsg. v. Niklaus Kuster/Thomas Dienberg/Marianne Jungbluth, 2009 (eine grundlegende, bebilderte Einführung in Geschichte und Spiritualität der franziskanischen Bewegung).

HORST VON DER BEY / JOHANNES-B. FREYER, *Die franziskanische Bewegung.* Bd. 1: *Geschichte und Spiritualität;* Bd. 2: *Weltweites Engagement heute,* 1996 (eine kurze Einführung in Geschichte und Gegenwart der franziskanischen Familie).

Franziskusfilme:

Franziskus, Film von R. LILIANA CAVANI (USA 1989: 134 Min.).

Bruder Sonne, Schwester Mond, Film von FRANCO ZEFFIRELLI (Italien 1972: 130 Min.) mit Musik von Riz Ortolani (romantischer Franziskusfilm, leider historisch ungenau).

Die deutschsprachige franziskanische Familie im Internet:

Internetadressen der Minderbrüder mit verschiedensten aktuellen Informationen und Adressen:

http//:www.franziskaner.de
http//:www.franziskaner.at
http//:www.franziskaner.ch
http//:www. kapuziner.org
http//:www.minoriten.at
http//:www.franziskaner-minoriten.de
http//:www.cordeliers.ch

Deutschsprachige Klarissen:

http//:www. klarissen.net
http//:www. klarissen.de

Unter den vielen Internetseiten der Franziskanerinnen seien nur die folgenden genannt:

http//:www.dillinger-franziskanerinnen.de
http//:www.klostersiessen.de

http//:www.kloster-ingenbohl.ch
http//:www.baldeggerschwestern.ch
http//:www.kath.ch/kloster-menzingen

http//:www.franziskanerinnen.at
http//:www.elisabethinen.or.at

Die Franziskanische Gemeinschaft (3. Orden / franziskanische Laien) ist zu finden unter:

http//:www.ofs.de
http//:www.franziskanische-gemeinschaft.ch
http//:www.fg-ofs.at